BESTACTIVITYBOOKS.COM

Copyright © 2022 LINGUAS CLASSICS

Tous droits réservés. Aucune partie de ce livre ne peut être reproduite ou utilisée de quelque manière que ce soit sans l'autorisation écrite du détenteur des droits d'auteur, sauf pour l'utilisation de citations dans une critique de livre.

PREMIERE ÉDITION

Dépôt légal, 2022

Illustration Graphique Extra: www.freepik.com
Merci à Alekksall, Starline, Pch.vector, Rawpixel.com,
Vectorpocket, Dgim-studio, Upklyak, Macrovector,
Stockgiu, Pikisuperstar & Freepik.com Designers

Découvrez des Jeux Gratuits en Ligne

Disponible Ici :

BestActivityBooks.com/FREEGAMES

5 ASTUCES POUR DÉMARRER !

1) COMMENT RÉSOUDRE LES MOTS MÊLÉS

Les puzzles sont dans un format classique :

- Les mots sont cachés sans espaces, tirets, ...
- Orientation : Les mots peuvent être écrits en avant, en arrière, vers le haut, vers le bas ou en diagonale (ils peuvent être inversés).
- Les mots peuvent se chevaucher ou se croiser.

2) UN APPRENTISSAGE ACTIF

Un espace est prévu à côté de chaque mots pour noter la traduction. Pour favoriser un apprentissage actif un **DICTIONNAIRE** à la fin de cette édition vous permettra de vérifier et étendre vos connaissances. Cherchez et notez les traductions, trouvez-les dans le Puzzle et ajoutez-les à votre vocabulaire !

3) MARQUEZ LES MOTS

Vous pouvez inventer votre propre système de marquage. Peut-être en utilisez-vous déjà un ? Sinon, vous pourriez, par exemple, marquer les mots qui ont été difficiles à trouver d'une croix, ceux que vous avez aimés d'une étoile, les mots nouveaux d'un triangle, les mots rares d'un diamant, etc...

4) STRUCTUREZ VOTRE APPRENTISSAGE

Cette édition vous offre un **CARNET DE NOTES** très pratique à la fin du livre. En vacances ou en voyage ou à la maison, vous pouvez facilement organiser vos nouvelles connaissances sans avoir besoin d'un second bloc-notes !

5) VOUS AVEZ FINI TOUTES LES GRILLES ?

Allez à la section bonus **CHALLENGE FINAL** pour trouver un jeu gratuit à la fin de cette édition !

Simple et Rapide ! Découvrez notre collection de livres d'activités pour votre prochain moment de détente et **d'apprentissage**, à juste un clic de distance !

Trouvez votre prochain défi sur :

BestActivityBooks.com/MonProchainLivre

À vos marques, prêts... Partez !

Saviez-vous qu'il existe environ 7 000 langues différentes dans le monde ? Les mots sont précieux.

Nous aimons les langues et avons travaillé dur pour créer les livres de la plus haute qualité pour vous. Nos ingrédients ?

Une sélection des thématiques d'apprentissage adaptée, trois belles parts de divertissement, puis nous ajoutons une cuillère de mots difficiles et une pincée de mots rares. Nous les servons avec soin et un maximum de plaisir pour vous permettre de résoudre les meilleurs jeux de mots mêlés qui soient et d'apprendre en vous amusant !

Votre avis est essentiel. Vous pouvez participer activement au succès de ce livre en nous laissant un commentaire. Nous aimerions vraiment savoir ce que vous avez préféré dans cette édition !

Voici un lien rapide qui vous mènera à la page d'évaluation de vos commandes :

BestBooksActivity.com/Avis50

Merci pour votre aide et amusez-vous bien !

De la part de toute l'équipe

1 - Été

```
J  C  N  V  J  U  E  G  O  S  T  E  T  G
U  A  Q  A  A  L  E  G  R  Í  A  S  W  O
J  M  H  C  R  J  R  M  I  D  M  T  U  Z
W  P  T  A  D  C  Q  Í  Q  S  I  R  L  L
Y  I  Í  C  Í  Z  O  E  D  S  G  E  S  R
K  N  V  I  N  T  C  M  V  A  O  L  K  E
K  G  U  O  A  H  I  Q  I  N  S  L  L  L
F  Q  Í  N  D  R  O  M  A  D  R  A  I  A
V  F  P  E  A  J  E  Ú  J  A  A  S  B  J
I  C  L  S  R  B  F  S  E  L  S  D  R  A
O  K  A  U  W  Y  U  I  I  I  Í  R  O  C
B  E  Y  K  G  D  L  C  O  A  T  Í  S  I
A  F  A  M  I  L  I  A  E  S  M  A  R  Ó
W  I  U  W  W  F  C  J  J  O  T  D  J  N
```

AMIGOS	MÚSICA
CAMPING	NADAR
ESTRELLAS	COMIDA
FAMILIA	PLAYA
JARDÍN	BUCEO
JUEGOS	RELAJACIÓN
ALEGRÍA	SANDALIAS
LIBROS	VACACIONES
OCIO	VIAJE
MAR	

2 - Adjectifs #2

```
S  A  L  U  D  A  B  L  E  P  M  C  G  A
S  A  L  V  A  J  E  U  F  U  E  R  T  E
I  M  U  F  P  H  T  A  P  R  H  E  O  S
N  P  M  A  A  O  Z  Q  O  O  I  A  R  A
T  D  R  M  Q  U  D  X  L  P  A  T  G  L
E  R  Y  O  W  L  T  E  F  V  W  I  U  A
R  A  D  S  D  Í  S  É  R  C  A  V  L  D
E  M  O  O  Q  U  L  F  N  O  H  O  L  O
S  Á  T  G  X  D  C  X  S  T  S  U  O  N
A  T  A  I  I  N  F  T  C  N  I  O  S  U
N  I  D  K  R  N  M  S  I  W  F  C  O  E
T  C  O  Z  G  U  Í  Z  Í  V  U  B  O  V
E  O  N  A  T  U  R  A  L  W  O  Q  X  O
D  E  S  C  R  I  P  T  I  V  O  R  R  O
```

AUTÉNTICO	NATURAL
FAMOSO	NUEVO
CREATIVO	PRODUCTIVO
DESCRIPTIVO	PODEROSO
DOTADO	PURO
DRAMÁTICO	SALUDABLE
ORGULLOSO	SALADO
FUERTE	SALVAJE
INTERESANTE	

3 - Exploration

```
E  N  B  D  I  S  T  A  N  T  E  D  A  A
S  M  U  Ú  G  H  O  B  Q  P  F  E  G  N
P  D  O  E  S  M  F  A  S  P  V  S  O  I
A  O  F  C  V  Q  I  P  D  A  Z  C  T  M
C  C  A  K  I  O  U  R  C  X  A  O  A  A
I  O  Í  E  R  Ó  D  E  G  A  J  N  M  L
O  R  N  W  I  N  N  D  Y  C  O  I  E
S  A  L  V  A  J  E  D  I  A  Q  C  E  S
C  J  E  B  B  C  Q  E  R  Y  T  I  N  V
L  E  P  E  L  I  G  R  O  S  O  D  T  I
I  D  I  O  M  A  Z  G  D  L  U  O  O  A
D  E  T  E  R  M  I  N  A  C  I  Ó  N  J
T  E  R  R  E  N  O  T  S  M  R  P  V  E
N  R  O  N  O  K  C  U  L  T  U  R  A  S
```

ANIMALES	IDIOMA
APRENDER	DISTANTE
CORAJE	NUEVO
CULTURAS	PELIGROSO
DETERMINACIÓN	BÚSQUEDA
ESPACIO	SALVAJE
EMOCIÓN	TERRENO
AGOTAMIENTO	VIAJE
DESCONOCIDO	

4 - Formes

```
W  W  P  P  Z  M  U  X  F  C  X  C  R  L
J  N  P  I  R  Z  Y  N  O  Í  L  U  E  Í
C  V  Q  X  R  I  C  J  M  R  I  A  C  N
L  Y  Í  O  E  Á  S  K  A  C  M  D  T  E
A  D  I  J  S  A  M  M  V  U  X  R  Á  A
D  P  M  K  Q  M  Q  I  A  L  K  A  N  H
O  Í  A  E  U  R  Q  A  D  O  J  D  G  I
T  C  I  L  I  N  D  R  O  E  O  O  U  P
B  U  O  Y  N  O  E  C  U  R  V  A  L  É
Í  B  B  N  A  U  L  O  N  U  A  D  O  R
P  O  Y  L  O  Q  I  X  I  F  L  T  I  B
H  J  D  Z  Z  Z  P  O  L  Í  G  O  N  O
E  S  F  E  R  A  S  N  D  S  Y  M  O  L
Q  H  B  O  R  D  E  S  G  D  Z  P  P  A
```

ARCO	ELIPSE
BORDES	HIPÉRBOLA
CUADRADO	LÍNEA
CÍRCULO	OVAL
ESQUINA	POLÍGONO
CURVA	PRISMA
CONO	PIRÁMIDE
LADO	RECTÁNGULO
CUBO	ESFERA
CILINDRO	

5 - Adjectifs #1

```
D  H  N  R  I  I  A  X  W  G  Í  J  A  E
E  I  D  É  N  T  I  C  O  E  M  A  C  X
L  H  N  J  O  V  E  N  L  N  O  R  T  Ó
G  E  T  X  C  Í  N  Y  M  E  D  O  I  T
A  R  I  O  E  Q  O  N  A  R  E  M  V  I
D  M  M  H  N  I  R  X  Y  O  R  Á  O  C
A  O  B  F  T  F  M  G  J  S  N  T  P  O
P  S  C  I  E  G  E  M  R  O  O  I  E  A
T  A  K  Q  C  P  E  S  A  D  O  C  R  V
L  E  N  T  O  I  W  V  U  T  I  O  F  L
P  T  Y  H  Q  F  O  P  H  F  M  P  E  Y
H  O  N  E  S  T  O  S  F  O  V  C  C  O
A  B  S  O  L  U  T  O  O  W  H  R  T  F
E  U  I  M  P  O  R  T  A  N  T  E  O  H
```

ABSOLUTO	IDÉNTICO
ACTIVO	IMPORTANTE
AMBICIOSO	INOCENTE
AROMÁTICO	JOVEN
HERMOSA	LENTO
EXÓTICO	PESADO
ENORME	DELGADA
GENEROSO	MODERNO
HONESTO	PERFECTO

6 - Instruments de Musique

```
T  B  P  M  K  Z  N  L  R  H  X  T  I  Í
R  A  I  A  R  M  Ó  N  I  C  A  A  V  S
O  N  A  R  N  M  A  Í  V  V  S  M  I  R
M  J  N  I  Q  D  A  V  C  C  O  B  O  E
B  O  O  M  G  Í  E  N  H  R  R  O  L  O
Ó  G  U  B  U  D  C  R  D  F  V  R  Í  N
N  S  A  A  I  K  L  T  E  O  G  C  N  Q
F  L  A  U  T  A  A  R  S  T  L  O  N  H
A  R  P  A  A  S  R  O  A  O  A  I  N  Y
G  D  A  Í  R  S  I  M  X  B  T  P  N  G
O  E  Q  L  R  G  N  P  O  E  H  J  E  A
T  V  S  C  A  G  E  E  F  S  Z  X  Y  Y
Í  Í  Z  G  P  F  T  T  Ó  K  M  R  S  A
Z  N  Q  W  C  E  E  A  N  J  K  N  H  T
```

BANJO	MANDOLINA
FAGOT	MARIMBA
CLARINETE	PIANO
FLAUTA	SAXOFÓN
GONG	TAMBOR
GUITARRA	PANDERETA
ARMÓNICA	TROMBÓN
ARPA	TROMPETA
OBOE	VIOLÍN

7 - Échecs

```
H O S C O N C U R S O R O R
A J W A D I A G O N A L P E
M P J C C A M P E Ó N N O G
P U R U R R P A S I V O N L
A N V E G P I Y Í K R Í E A
M T S T N A Q F A M Y J N S
Q O Y Í D D D F I E N U T T
T S T O R N E O O C N E E I
X T X Y W F F R R J I G Z E
T P W B S B L A N C O O F M
W N E S T R A T E G I A X P
O N I N T E L I G E N T E O
R R D Í B Y G U R E I N A F
Q E J X L P I Í O D Q M J G
```

OPONENTE	PASIVO
APRENDER	PUNTOS
BLANCO	REINA
CAMPEÓN	REGLAS
CONCURSO	REY
DIAGONAL	SACRIFICIO
INTELIGENTE	ESTRATEGIA
JUEGO	TIEMPO
JUGADOR	TORNEO
NEGRO	

8 - Herboristerie

L	A	I	G	S	A	B	O	R	P	A	E	A	L
G	A	L	N	E	V	I	D	O	E	Z	S	J	W
V	S	V	B	G	K	I	D	M	R	A	T	O	C
E	V	M	A	A	R	F	M	E	E	F	R	M	A
R	T	T	L	N	H	E	K	R	J	R	A	B	L
D	N	W	A	L	D	A	D	O	I	Á	G	X	I
E	J	S	R	E	I	A	C	I	L	N	Ó	V	D
M	E	J	O	R	A	N	A	A	A	E	S	N	Y	A
E	M	A	M	H	I	N	O	J	O	N	O	D	D
N	I	R	Á	F	Q	C	G	T	B	B	T	O	O
T	S	D	T	O	M	I	L	L	O	F	C	E	J
A	F	Í	I	C	U	L	I	N	A	R	I	O	D
Í	F	N	C	L	L	K	U	F	S	U	L	Y	R
I	F	L	O	R	Y	F	S	S	R	C	Í	X	E

AJO
AROMÁTICO
ALBAHACA
CULINARIO
ESTRAGÓN
HINOJO
FLOR
INGREDIENTE
JARDÍN
LAVANDA

MEJORANA
MENTA
PEREJIL
CALIDAD
ROMERO
AZAFRÁN
SABOR
TOMILLO
VERDE

9 - Véhicules

```
S  Y  Í  R  M  C  E  A  V  I  Ó  N  M  J
F  U  Y  S  J  H  Y  U  M  R  J  E  E  P
C  E  B  A  L  S  A  T  A  X  I  U  T  H
R  O  R  M  K  B  C  O  H  E  T  E  R  M
O  U  C  R  A  A  M  B  T  Y  Z  J  O  L
Q  I  X  H  Y  R  Z  Ú  O  N  E  A  O  A
T  W  U  B  E  C  I  S  C  A  M  I  Ó  N
T  R  A  C  T  O  R  N  C  B  J  M  S  Z
N  E  U  M  Á  T  I  C  O  S  N  O  E  A
H  E  L  I  C  Ó  P  T  E  R  O  T  P  D
A  M  B  U  L  A  N  C  I  A  X  O  N  E
S  C  O  O  T  E  R  A  S  T  F  R  X  R
G  P  W  W  B  I  C  I  C  L  E  T  A  A
C  A  R  A  V  A  N  A  B  Q  T  G  M  M
```

AMBULANCIA	MOTOR
AVIÓN	LANZADERA
BARCO	NEUMÁTICOS
AUTOBÚS	BALSA
CAMIÓN	SCOOTER
CARAVANA	SUBMARINO
FERRY	TAXI
COHETE	TRACTOR
HELICÓPTERO	BICICLETA
METRO	COCHE

10 - Camping

```
E Y L I N T E R N A S L J J
X L G L M A U Q L O V A F V
C A B I N A T E F U U G H H
A K O G D U S U C A N O A H
Z E S C O C E Í R S Z A M J
A M Q N T B U S T A F K A A
D W U J T R I E N K L D C N
X E E C M Ú N Q R M X E A I
F U E G O J S U H D J G Z M
C F T F N U E I M O A N S A
F T K P T L C P C A R P A L
L L X V A A T O M Z Y S G E
E S K Y Ñ S O M B R E R O S
M A P A A V E N T U R A N V
```

ANIMALES	FUEGO
AVENTURA	BOSQUE
BRÚJULA	HAMACA
CABINA	INSECTO
CANOA	LAGO
MAPA	LINTERNA
SOMBRERO	LUNA
CAZA	MONTAÑA
CUERDA	NATURALEZA
EQUIPO	CARPA

11 - Conservation

```
H  N  A  T  U  R  A  L  I  S  S  P  E  C
C  Á  C  I  C  L  O  A  J  O  A  E  C  O
C  A  B  D  D  S  E  M  V  S  L  S  O  N
S  L  M  I  N  B  V  B  O  T  U  T  S  T
K  S  Í  B  T  T  E  I  L  E  D  I  I  A
E  K  Z  C  I  A  H  E  U  N  R  C  S  M
Y  D  Y  I  V  O  T  N  N  I  E  I  T  I
A  G  U  A  A  G  S  T  T  B  C  D  E  N
W  G  T  C  L  I  M  A  A  L  I  A  M  A
B  K  D  G  A  R  C  L  R  E  C  S  A  C
V  E  R  D  E  C  S  J  I  E  L  T  U  I
X  C  F  V  B  Q  I  N  O  H  A  Q  L  Ó
R  E  D  U  C  I  R  Ó  T  Í  R  G  S  N
Í  A  Y  J  O  R  G  Á  N  I  C  O  Q  R
```

VOLUNTARIO	HÁBITAT
CAMBIOS	NATURAL
CLIMA	ORGÁNICO
CICLO	PESTICIDA
SOSTENIBLE	CONTAMINACIÓN
AGUA	RECICLAR
AMBIENTAL	REDUCIR
ECOSISTEMA	SALUD
EDUCACIÓN	VERDE

12 - Écologie

```
R  P  C  M  K  I  M  E  T  W  I  F  E  V
S  E  P  P  Y  M  P  A  N  T  A  N  O  O
E  C  C  A  P  A  E  C  R  B  T  L  O  L
Q  F  A  U  N  A  H  Á  B  I  T  A  T  U
U  L  V  A  R  I  E  D  A  D  N  Y  G  N
Í  O  N  H  E  S  V  Y  S  W  Z  O  I  T
A  R  V  F  K  M  O  N  T  A  Ñ  A  S  A
I  A  P  G  K  W  B  S  Í  O  O  K  N  R
S  U  P  E  R  V  I  V  E  N  C  I  A  I
S  O  S  T  E  N  I  B  L  E  O  A  T  O
C  O  M  U  N  I  D  A  D  E  S  H  U  S
D  I  V  E  R  S  I  D  A  D  P  F  R  X
L  K  C  L  I  M  A  P  L  A  N  T  A  S
E  S  P  E  C  I  E  E  Z  T  G  Y  L  R
```

VOLUNTARIOS	PANTANO
CLIMA	MARINO
COMUNIDADES	MONTAÑAS
DIVERSIDAD	NATURAL
SOSTENIBLE	PLANTAS
ESPECIE	RECURSOS
FAUNA	SEQUÍA
FLORA	SUPERVIVENCIA
HÁBITAT	VARIEDAD

13 - Astronomie

```
A F Y J J C O H E T E E O B
E S D J T I E R R A F C B V
Q T T F M E C G L U N A S P
U E M E L L G O P X N D E L
I W E A R O Í F S H U E R A
N S T U S O C P U M Q Z V N
O O E L T T I H V Z O W A E
C L O T L Í R D J V R S T T
C A R T K S U O E Z Z C O A
I R O S U P E R N O V A R K
O B E G A L A X I A Y K I Y
I N E B U L O S A U U U O E
A S T R Ó N O M O X F T I X
R A D I A C I Ó N H R T A I
```

ASTEROIDE	METEORO
ASTRONAUTA	NEBULOSA
ASTRÓNOMO	OBSERVATORIO
CIELO	PLANETA
COSMOS	RADIACIÓN
EQUINOCCIO	SOLAR
COHETE	SUPERNOVA
GALAXIA	TIERRA
LUNA	

14 - Types de Cheveux

```
R  P  K  V  I  E  Í  O  P  K  K  E  Z  S
G  I  L  R  U  B  I  O  D  K  Q  W  R  N
R  I  Z  A  D  O  G  J  U  F  Í  R  C  Q
I  B  X  O  T  O  N  D  U  L  A  D  O  L
S  R  J  N  S  A  U  C  Q  Z  Í  G  L  A
F  I  B  L  A  N  C  O  E  N  U  R  O  R
X  L  D  P  N  T  Q  C  E  E  M  U  R  G
M  L  E  Q  B  W  C  N  O  G  J  E  E  O
S  A  L  U  D  A  B  L  E  R  N  S  A  H
U  N  G  S  Q  S  C  C  R  O  T  O  D  O
A  T  A  E  T  R  E  N  Z  A  D  O  O  C
V  E  D  C  I  G  O  L  F  T  W  D  K  H
E  C  A  O  P  M  A  R  R  Ó  N  U  A  C
Q  G  T  C  A  L  V  O  T  S  J  X  L  A
```

PLATA	RIZADO
BLANCO	GRIS
RUBIO	LARGO
RIZOS	MARRÓN
BRILLANTE	DELGADA
CALVO	NEGRO
COLOREADO	ONDULADO
CORTO	SALUDABLE
SUAVE	SECO
GRUESO	TRENZADO

15 - Restaurant #1

```
I  J  O  F  J  O  X  A  R  P  I  S  C  P
H  I  Z  K  Z  H  Í  L  E  I  N  E  A  O
Q  F  P  V  P  D  L  E  S  C  G  R  M  S
I  C  O  M  I  D  A  R  E  A  R  V  A  T
A  M  L  H  P  P  A  G  R  N  E  I  R  R
C  L  L  S  T  I  G  I  V  T  D  L  E  E
A  O  O  A  A  H  I  A  A  E  I  L  R  V
J  B  C  Q  Z  L  M  E  N  Ú  E  E  A  O
E  B  R  I  Ó  D  S  B  Q  Z  N  T  K  P
R  Q  E  B  N  I  P  A  N  N  T  A  G  A
O  T  J  M  I  A  I  L  B  C  E  C  C  N
C  U  C  H  I  L  L  O  A  O  S  A  O  O
Í  Í  Q  C  A  R  N  E  E  T  J  F  O  P
W  J  J  M  A  B  M  B  P  R  O  É  X  L
```

ALERGIA	MENÚ
PLATO	COMIDA
TAZÓN	PAN
CAFÉ	POLLO
CAJERO	RESERVA
CUCHILLO	SALSA
COCINA	CAMARERA
POSTRE	SERVILLETA
PICANTE	CARNE
INGREDIENTES	

16 - Mammifères

```
M Z S C Z G J J E Z C N V N
Q N J O O S O L E Ó N K G D
Í G A Y R N K R W K Z T A E
H V G O R L E Í I O X R T P
Z O T T O R O J X L O B O L
Y E P E R R O U O T A A B X
J I R A F A C A B A L L O E
T D U C X H I G C H H L Y L
I M X E A W A U F T S E H E
G O Í B D N Y F Y Q Q N L F
R N I R B R G H N Í Í A Q A
E O N A T T Í U D E L F Í N
B B H U C J L O R T Y J J T
V Í U G O V E J A O U K Í E
```

BALLENA	CONEJO
GATO	LEÓN
CABALLO	LOBO
PERRO	OVEJA
COYOTE	OSO
DELFÍN	ZORRO
ELEFANTE	MONO
JIRAFA	TORO
GORILA	TIGRE
CANGURO	CEBRA

17 - Sports

```
U  W  H  A  C  Á  E  W  D  W  N  X  Y  B
J  D  D  O  V  R  G  Q  E  Y  U  V  B  É
K  U  N  E  U  B  M  I  U  Y  N  H  R  I
B  Q  G  J  N  I  F  U  M  I  Q  O  Y  S
A  N  Z  A  K  T  D  Í  U  N  P  P  G  B
L  A  X  T  D  R  G  O  L  F  A  O  G  O
O  D  M  L  H  O  C  K  E  Y  X  S  K  L
N  A  M  E  S  B  R  T  E  N  I  S  I  Q
C  R  U  T  C  A  M  P  E  O  N  A  T  O
E  C  B  A  M  O  V  I  M  I  E  N  T  O
S  E  S  T  A  D  I  O  Y  S  U  L  U  V
T  G  A  N  A  D  O  R  H  J  U  E  G  O
O  E  N  T  R  E  N  A  D  O  R  J  Z  G
G  I  M  N  A  S  I  A  K  R  S  D  B  R
```

ÁRBITRO	GIMNASIO
ATLETA	GIMNASIA
BÉISBOL	HOCKEY
BALONCESTO	JUEGO
CAMPEONATO	JUGADOR
ENTRENADOR	MOVIMIENTO
EQUIPO	NADAR
GANADOR	ESTADIO
GOLF	TENIS

18 - Chocolat

```
O D U L C E L G Q Z C A C D
Z Z C F A V O R I T O M A E
C X A I R U A G A O C A L L
A N L C A O N A U K O R O I
C P I A M A T R R S U G R C
A Í D C E R I E B O T O Í I
O R A A L V O C X T M O A O
A S D H O S X E M Ó M A S S
Z A J U N J I T Z P T J V O
Ú B W E Z U D A O O Í I A F
C O W T S Q A R T L P K C O
A R T E S A N A L V W U Z O
R B X S E N T E J O T P N N
I R I N G R E D I E N T E J
```

AMARGO	EXÓTICO
ANTIOXIDANTE	FAVORITO
AROMA	GUSTO
ARTESANAL	INGREDIENTE
CACAHUETES	COCO
CACAO	POLVO
CALORÍAS	CALIDAD
CARAMELO	RECETA
DELICIOSO	SABOR
DULCE	AZÚCAR

19 - Mathématiques

```
R  E  J  I  F  H  N  C  L  X  F  P  D  K
T  A  E  P  A  M  F  U  H  P  R  A  I  E
G  R  D  E  C  I  M  A  L  E  A  R  Á  X
P  E  I  I  C  E  S  D  A  R  C  A  M  P
A  C  O  Á  O  Q  U  R  Q  P  C  L  E  O
R  T  Y  M  N  J  M  A  F  E  I  E  T  N
A  Á  W  N  E  G  A  D  J  N  Ó  L  R  E
L  N  R  O  Y  T  U  O  C  D  N  O  O  N
E  G  P  P  S  I  R  L  Y  I  Y  G  K  T
L  U  Y  Q  C  G  R  Í  O  C  Z  R  K  E
O  L  Y  T  Í  V  H  J  A  U  B  A  Í  G
P  O  L  Í  G  O  N  O  A  L  E  M  M  H
C  S  S  I  M  E  T  R  Í  A  C  O  S  C
U  F  P  E  R  Í  M  E  T  R  O  G  A  F
```

CUADRADO	PERPENDICULAR
DECIMAL	PERÍMETRO
DIÁMETRO	POLÍGONO
EXPONENTE	RADIO
FRACCIÓN	RECTÁNGULO
GEOMETRÍA	SUMA
PARALELO	SIMETRÍA
PARALELOGRAMO	TRIÁNGULO

20 - Mythologie

```
C M C I T G I T K X C L C A
R Á R N G U E R R E R O R R
I G E M D E S A S T R E E Q
A I A O L H E R O Í N A E U
T C C R E C M O R T A L N E
U O I T Y F U E R Z A Í C T
R T Ó A E C M L F S E A I I
A R N L N E A R T L F A A P
B U Y I D L J A A U Y I S O
G E I D A O A Y H É R O E L
D N T A Q S Z O N F L A V S
Y O L D L A B E R I N T O B
L L P S S X V E N G A N Z A
M O N S T R U O A V Z V U K
```

ARQUETIPO	HÉROE
DESASTRE	INMORTALIDAD
CREACIÓN	CELOS
CRIATURA	LABERINTO
CREENCIAS	LEYENDA
CULTURA	MÁGICO
RAYO	MONSTRUO
FUERZA	MORTAL
GUERRERO	TRUENO
HEROÍNA	VENGANZA

21 - Restaurant #2

```
Y  U  Y  X  Q  I  V  E  R  D  U  R  A  S
N  V  G  A  H  S  Y  F  Q  Q  M  N  G  G
P  N  P  R  E  Q  U  I  S  F  D  U  U  P
X  A  I  Y  D  D  M  D  I  P  H  Y  A  E
O  U  M  A  L  M  U  E  R  Z  O  G  G  S
P  D  E  L  I  C  I  O  S  O  D  Z  E  C
O  A  M  V  O  T  L  S  I  L  L  A  N  A
B  C  S  C  A  M  A  R  E  R  O  F  S  D
E  Y  Z  T  P  R  C  U  C  H  A  R  A  O
B  T  E  N  E  D  O  R  E  U  Y  U  L  P
I  S  O  P  A  L  X  V  N  E  I  T  A  R
D  A  Í  N  C  B  N  C  A  V  H  A  D  D
A  E  S  P  E  C  I  A  S  O  U  T  A  K
D  P  T  Y  H  I  E  L  O  S  P  S  A  L
```

BEBIDA	PASTEL
SILLA	HIELO
CUCHARA	VERDURAS
ALMUERZO	FIDEOS
DELICIOSO	HUEVOS
CENA	PESCADO
AGUA	ENSALADA
ESPECIAS	SAL
TENEDOR	CAMARERO
FRUTA	SOPA

22 - Couleurs

```
W M K J N A R A N J A W P N
T A G Z O S O B L A N C O I
D G J I Y X J Z M M Z F A R
N E G R O Z O U Z A J U C U
K N P Ú R P U R A R V G R V
P T F Q A X S E P I A U B K
R A C O F Y N M W L C K E B
O Q U A C I A N M L D P I Y
O E B H R B F J R O J U G Í
K Q B R M M Y Y G R I S E S
U S B M O V E R D E O Z L T
N Z W K S S H S F U C S I A
A Z U L C Y A Y Í N D I G O
M A R R Ó N M N E K M O Q Q
```

AZUR	MAGENTA
BEIGE	MARRÓN
BLANCO	NEGRO
AZUL	NARANJA
CARMESÍ	ROSA
CIAN	ROJO
FUCSIA	SEPIA
GRIS	VERDE
ÍNDIGO	PÚRPURA
AMARILLO	

23 - Avions

```
A  L  T  I  T  U  D  C  Q  S  A  N  I  P
T  C  P  H  R  J  A  J  D  Í  W  T  G  I
E  O  A  I  I  H  I  D  R  Ó  G  E  N  O
R  M  S  S  P  C  R  M  A  L  T  U  R  A
R  B  A  T  U  I  E  O  Q  Y  J  E  F  V
I  U  J  O  L  E  T  T  P  I  L  O  T  O
Z  S  E  R  A  L  B  O  I  N  F  L  A  R
A  T  R  I  C  O  J  R  O  M  U  T  M  D
J  I  O  A  I  A  V  E  N  T  U  R  A  J
E  B  R  Z  Ó  D  E  S  C  E  N  S  O  F
T  L  O  O  N  A  T  M  Ó  S  F  E  R  A
O  E  C  O  N  S  T  R  U  C  C  I  Ó  N
O  G  O  G  L  O  B  O  G  L  C  D  M  G
D  I  R  E  C  C  I  Ó  N  S  Z  Z  W  V
```

AIRE	DIRECCIÓN
ALTITUD	TRIPULACIÓN
ATMÓSFERA	INFLAR
ATERRIZAJE	ALTURA
AVENTURA	HISTORIA
GLOBO	HIDRÓGENO
COMBUSTIBLE	MOTOR
CIELO	PASAJERO
CONSTRUCCIÓN	PILOTO
DESCENSO	

24 - Aventure

```
G O K A V A L E N T Í A I A
X L H C S T P M L J N C N L
E P E T O D E S T I N O U E
N R N I R L Q M L E O Z S G
T E E V P L H C A E U P U R
U P X I R F I D M L B E A Í
S A C D E T B B N T L L L A
I R U A N A V E G A C I Ó N
A A R D D O C L P Y K G L V
S C S Q E T R L Y P Y R H I
M I I W N D Q E Í Q E O I A
O Ó Ó L T Q Í Z V C Í S I J
E N N U E V O A M I G O S E
I T I N E R A R I O E V C S
```

ACTIVIDAD	INUSUAL
AMIGOS	ITINERARIO
BELLEZA	ALEGRÍA
VALENTÍA	NAVEGACIÓN
PELIGROSO	NUEVO
DESTINO	PREPARACIÓN
ENTUSIASMO	SORPRENDENTE
EXCURSIÓN	VIAJES

25 - Ville

```
C F V S V R L B I D D C F E
M E R C A D O I A A B I G S
F L O R I S T A B N R N A T
A Y Y Z H O T E L R C E L A
R E S T A U R A N T E O E D
M S R Y K G O J Q E X R R I
A C S O A J P Z Y A I X Í O
C U H L P C V Í Z T A W A A
I E W O L U U A J R B V D T
A L Í J U D E V Q O X T M T
B A J L F X C R M U S E O B
C L Í N I C A Q T H O C A Y
P A N A D E R Í A O Z O O K
S U P E R M E R C A D O U A
```

AEROPUERTO	LIBRERÍA
BANCO	MERCADO
PANADERÍA	MUSEO
CINE	FARMACIA
CLÍNICA	RESTAURANTE
ESCUELA	ESTADIO
FLORISTA	SUPERMERCADO
GALERÍA	TEATRO
HOTEL	ZOO

26 - Cuisine

```
E E C S G C U C H A R Ó N E
S S U E D E L A N T A L R P
P P C R M J P R C V A X E M
O E H V C A L D E R A R F V
N C I I K R E C E T A X R I
J I L L P R P K A Y C S I O
A A L L P A R R I L L A G U
C S O E E T E N E D O R E S
W O S T N A H H T P A R R T
R X M A B Z Z O M L K R A A
K S V I H Ó R A R D R M D Z
J K Y T D N O N A N N K O A
A G A D P A L I L L O S R S
C U C H A R A S Z V V L L S
```

PALILLOS	PARRILLA
TAZÓN	CUCHARÓN
CALDERA	COMIDA
CUCHILLOS	TARRO
JARRA	RECETA
CUCHARAS	REFRIGERADOR
ESPECIAS	SERVILLETA
ESPONJA	DELANTAL
HORNO	TAZAS
TENEDORES	

27 - Gentillesse

```
G A C O M P R E N S I Ó N A
E T F E L I Z F W L D J L T
N O G E N U I N O P S C H E
E L B N C O M P A S I V O N
R E C E P T I V O U P R S T
O R Ú T I L U U C A A E P O
S A A G G H Y O J V C S I U
O N M M Q D H K S E I P T R
A T Í I O O Y A H O E E A D
G E V J S R T L F C N T L O
H O N E S T O X G F T U A W
F I A B L E O S K Z E O R S
E Í N F C R F S O U Í S I Z
A C D Y I U T N O P Z O O Q
```

AFECTUOSO	GENEROSO
AMOROSO	FELIZ
AMISTOSO	HONESTO
ATENTO	HOSPITALARIO
GENUINO	PACIENTE
COMPASIVO	RESPETUOSO
COMPRENSIÓN	RECEPTIVO
SUAVE	TOLERANTE
FIABLE	ÚTIL

28 - Corps Humain

```
E  C  A  R  A  N  Z  R  M  G  D  T  F  Z
C  S  M  D  O  A  M  U  A  R  M  E  Í  G
E  T  T  A  K  R  G  P  N  S  M  Í  D  H
R  F  O  Ó  P  I  E  L  D  U  O  E  H  O
E  L  B  G  M  Z  N  A  Í  A  R  Q  D  M
B  G  I  W  M  A  Í  I  B  Y  E  L  H  B
R  V  L  M  L  M  G  W  U  M  J  P  V  R
O  Q  L  T  T  X  U  O  L  A  A  S  N  O
C  N  O  Q  Í  Í  K  S  A  N  G  R  E  R
U  B  A  R  B  I  L  L  A  O  O  V  M  U
E  S  V  B  G  Z  S  F  C  A  B  E  Z  A
L  C  O  R  A  Z  Ó  N  O  J  B  O  X  Í
L  A  B  I  O  S  T  N  D  B  R  L  C  U
O  V  O  F  G  I  L  R  O  D  I  L  L  A
```

BOCA	LABIOS
CEREBRO	MANO
TOBILLO	MANDÍBULA
CUELLO	BARBILLA
CODO	NARIZ
CORAZÓN	OREJA
DEDO	PIEL
ESTÓMAGO	SANGRE
HOMBRO	CABEZA
RODILLA	CARA

29 - Épices

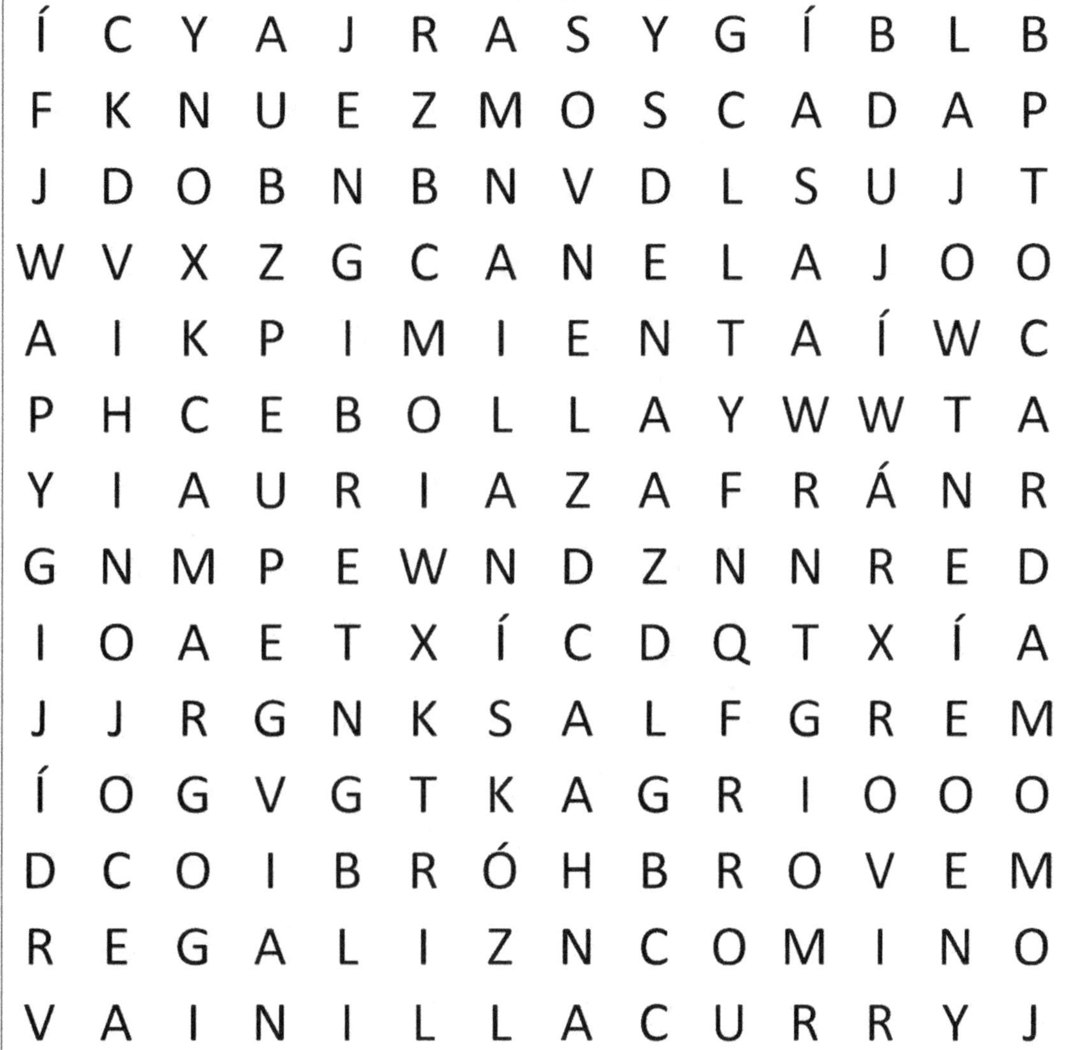

AGRIO	JENGIBRE
AJO	NUEZ MOSCADA
AMARGO	CEBOLLA
ANÍS	PIMENTÓN
CANELA	PIMIENTA
CARDAMOMO	REGALIZ
CILANTRO	AZAFRÁN
COMINO	SABOR
CURRY	SAL
HINOJO	VAINILLA

30 - Science

```
N L L A B O R A T O R I O G
V I M I N E R A L E S W Z R
J M O F X T M G Q Z D B Y A
E M J Ó Í Z V D A T O S Q V
H F Í S I C A P O N Q G Í E
G E Í I K L Q U Í M I C O D
A L C L W I F Á A K F S A A
Z A Í H G M D S T Y A Í M D
L I K M O A F A G O J K É O
Í H I P Ó T E S I S M H T A
E X P E R I M E N T O O O R
E V O L U C I Ó N F U V D S
P A R T Í C U L A S N M O H
M O L É C U L A S K B K L M
```

ÁTOMO	HIPÓTESIS
QUÍMICO	LABORATORIO
CLIMA	MÉTODO
DATOS	MINERALES
EXPERIMENTO	MOLÉCULAS
EVOLUCIÓN	ORGANISMO
HECHO	PARTÍCULAS
FÓSIL	FÍSICA
GRAVEDAD	

31 - Chats

```
A  S  E  C  X  J  R  W  D  I  J  F  A  P
N  F  A  G  Í  X  D  H  O  N  U  R  V  E
P  I  E  L  A  S  Z  I  R  D  G  L  H  R
Q  V  F  C  V  R  G  L  M  E  U  E  P  S
G  C  P  A  T  A  R  O  I  P  E  V  D  O
Z  B  E  J  Z  U  J  A  R  E  T  R  E  N
R  Á  P  I  D  O  O  E  Í  N  Ó  F  A  A
C  U  R  I  O  S  O  S  L  D  N  N  K  L
A  G  R  A  C  I  O  S  O  I  Q  T  H  I
Z  Q  P  L  E  Z  R  R  C  E  A  H  W  D
A  E  O  Q  Q  J  G  A  O  N  B  W  R  A
D  Z  C  O  L  A  C  T  R  T  I  C  D  D
O  Z  O  Z  W  Í  D  Ó  O  E  S  X  H  K
R  M  Í  T  O  X  N  N  T  Í  M  I  D  O
```

AFECTUOSO	INDEPENDIENTE
CAZADOR	PATA
CURIOSO	PERSONALIDAD
DORMIR	POCO
GRACIOSO	COLA
JUGUETÓN	RÁPIDO
HILO	SALVAJE
LOCO	RATÓN
PIEL	TÍMIDO
GARRA	

32 - Vêtements

```
S F A L D A A S R D P V Í C
Q O Z T P S B I C E J P M L
L K M U M U R C C L P L J F
Y Q B B J É I G U A N T E S
K P Z I R T G E N N M I A B
A S C G Q E O L M T A I N U
C O L L A R R R V A P P S F
V E S T I D O O M L T Z B A
S A N D A L I A S O G L L N
P A N T A L O N E S D K U D
U U J P I J A M A Z F A S A
C I N T U R Ó N V H H E A B
H V D A Z A P A T O I C T M
P U L S E R A A O M V R Z X
```

PULSERA	FALDA
CINTURÓN	ABRIGO
SOMBRERO	MODA
ZAPATO	PANTALONES
CAMISA	SUÉTER
BLUSA	PIJAMA
COLLAR	VESTIDO
BUFANDA	SANDALIAS
GUANTES	DELANTAL
JEANS	

33 - Arts Visuels

```
E C A B A L L E T E L S A A
P S C O M P O S I C I Ó N R
L R C E R Á M I C A Z P K Q
A E R U E X L X O R Y E Y U
N T E E L S P I B C E R A I
T R A T Z T X Z R I P S R T
I A T L P L U M A L E P T E
L T I H I Á B R M L L E I C
L O V F N P A Y A A Í C S T
A E I N T I R W E E C T T U
B U D T U Z N O S D U I A R
Z C A I R M I Í T A L V I A
V Í D Z A C Z X R E A A X Í
O A C A R B Ó N A S A J Í S
```

ARQUITECTURA	LÁPIZ
ARCILLA	CREATIVIDAD
ARTISTA	PELÍCULA
CERÁMICA	PINTURA
CARBÓN	PERSPECTIVA
OBRA MAESTRA	PLANTILLA
CABALLETE	RETRATO
CERA	ESCULTURA
COMPOSICIÓN	PLUMA
TIZA	BARNIZ

34 - Méditation

```
R  E  S  P  I  R  A  C  I  Ó  N  J  C  A
O  B  S  E  R  V  A  C  I  Ó  N  H  L  C
J  S  O  B  A  M  T  O  E  P  A  Á  A  E
P  Í  D  P  O  Ú  E  M  M  O  T  B  R  P
D  E  F  A  Z  S  N  P  O  S  U  I  I  T
M  E  R  Z  F  I  C  A  C  T  R  T  D  A
H  E  S  S  U  C  I  S  I  U  A  O  A  C
C  C  N  P  P  A  Ó  I  O  R  L  S  D  I
S  Y  H  T  I  E  N  Ó  N  A  E  H  F  Ó
O  N  N  V  A  E  C  N  E  A  Z  P  G  N
T  I  J  Q  T  L  R  T  S  C  A  L  M  A
B  O  N  D  A  D  O  T  I  X  X  S  V  T
G  R  A  T  I  T  U  D  O  V  S  G  Y  A
M  O  V  I  M  I  E  N  T  O  A  F  K  X
```

ACEPTACIÓN	MENTAL
ATENCIÓN	MOVIMIENTO
CALMA	MÚSICA
CLARIDAD	NATURALEZA
COMPASIÓN	OBSERVACIÓN
EMOCIONES	PAZ
DESPIERTO	PERSPECTIVA
BONDAD	POSTURA
GRATITUD	RESPIRACIÓN
HÁBITOS	

35 - Littérature

```
Y  H  N  E  D  L  Y  U  T  T  W  J  M  F
C  B  U  E  I  C  Y  Y  R  I  S  N  E  I
O  I  W  Í  Á  N  H  Í  A  E  D  Z  S  C
N  O  V  E  L  A  A  P  G  A  O  M  T  C
C  G  X  K  O  N  N  O  E  N  U  E  I  I
L  R  R  P  G  A  Á  E  D  A  X  T  L  Ó
U  A  I  O  O  R  L  M  I  L  Í  Á  O  N
S  F  M  É  J  R  I  A  A  O  U  F  U  R
I  Í  A  T  I  A  S  N  G  G  U  O  Q  K
Ó  A  W  I  A  D  I  T  Z  Í  Í  R  H  T
N  D  Í  C  V  O  S  K  E  A  E  A  T  Y
K  G  A  O  F  R  R  I  T  M  O  W  Í  R
A  N  É  C  D  O  T  A  X  Q  A  A  B  V
W  P  D  C  O  M  P  A  R  A  C  I  Ó  N
```

ANALOGÍA	NARRADOR
ANÁLISIS	POEMA
ANÉCDOTA	POÉTICO
AUTOR	RIMA
BIOGRAFÍA	NOVELA
COMPARACIÓN	RITMO
CONCLUSIÓN	ESTILO
DIÁLOGO	TEMA
FICCIÓN	TRAGEDIA
METÁFORA	

36 - Nourriture #1

```
N A B O C H N J U J L B M G
P X C K U O Q F Z L I Y W M
A E U V C E B A D A M Í S Q
P H K O R A P V J X Ó B J I
P Z J U G O T W G O N T V C
S A L X K A X Ú C A N E L A
I N E P E R A N N I S O P A
Y A C A L B A H A C A M C Z
Q H H H L E Z Y Z J A D E Ú
F O E G R Z R L L U C B B C
N R W E S P I N A C A S O A
Y I E N S A L A D A F T L R
L A T S C A R N E F V S L L
S P V C A Í F Y R É R Q A T
```

AJO	NABO
ALBAHACA	CEBOLLA
CAFÉ	CEBADA
CANELA	PERA
ZANAHORIA	ENSALADA
LIMÓN	SAL
ESPINACAS	SOPA
FRESA	AZÚCAR
JUGO	ATÚN
LECHE	CARNE

37 - Jours et Mois

```
D  S  T  C  L  M  A  R  T  E  S  C  A  E
N  Á  H  C  V  M  I  D  R  S  B  Í  G  Í
J  B  N  A  J  L  Y  É  O  Y  N  N  O  Y
N  A  E  L  U  N  E  S  R  M  Q  Z  S  E
J  D  N  E  E  O  E  U  N  C  I  S  T  Q
U  O  E  N  V  V  M  E  S  O  O  N  O  Í
N  C  R  D  E  I  K  Y  S  K  R  L  G  W
I  T  O  A  S  E  B  D  S  E  O  T  E  O
O  U  J  R  F  M  A  R  Z  O  M  K  K  S
Q  B  W  I  Z  B  A  B  R  I  L  A  L  N
O  R  E  O  T  R  J  U  L  I  O  L  N  H
S  E  P  T  I  E  M  B  R  E  U  M  W  A
F  E  B  R  E  R  O  V  I  E  R  N  E  S
S  T  L  O  T  I  P  V  V  D  S  N  V  T
```

AGOSTO	MARTES
ABRIL	MARZO
CALENDARIO	MIÉRCOLES
DOMINGO	MES
FEBRERO	NOVIEMBRE
ENERO	OCTUBRE
JUEVES	SÁBADO
JULIO	SEMANA
JUNIO	SEPTIEMBRE
LUNES	VIERNES

38 - Championnat

```
E N T R E N A D O R J U E Z
R T R A N S P I R A C I Ó N
C E E S T R A T E G I A K Z
A G S R E N D I M I E N T O
M O T I V A C I Ó N M A O D
P T Í W S R E S P I R A R S
E R O R A T M T F U P Í N D
Ó Í S D J U E G O S O G O E
N K Q Q Y E D N W R S E C P
L K C P T G A S C V N W B O
N Y F D S Q L K O I F E Í R
D I M H H B L I G A A H O T
E Q U I P O A X Q K L Q R E
C A M P E O N A T O H Í V S
```

CAMPEÓN	MEDALLA
CAMPEONATO	MOTIVACIÓN
RESISTENCIA	RENDIMIENTO
ENTRENADOR	RESPIRAR
EQUIPO	DEPORTES
JUEGOS	ESTRATEGIA
JUEZ	TORNEO
LIGA	TRANSPIRACIÓN

39 - Pirates

```
L  E  Y  E  N  D  A  M  H  A  H  U  I  C
C  Í  M  C  U  E  V  A  A  U  B  C  C  I
M  M  N  Z  B  T  C  M  L  P  V  N  G  C
C  A  P  I  T  Á  N  T  Z  T  A  Q  L  A
P  L  T  R  I  P  U  L  A  C  I  Ó  N  T
E  O  R  O  B  W  B  A  N  D  E  R  A  R
L  Q  B  A  N  C  L  A  I  W  D  T  P  I
I  L  J  V  M  H  O  I  S  Z  E  E  L  Z
G  Z  P  E  C  O  L  Í  L  L  S  S  A  T
R  H  D  N  H  L  N  E  A  O  P  O  Y  B
O  S  J  T  K  X  P  E  J  R  A  R  A  V
K  M  L  U  T  U  L  E  D  O  D  O  C  Q
E  C  S  R  O  N  B  A  J  A  A  P  C  B
B  J  G  A  O  C  É  A  N  O  S  N  O  X
```

ANCLA	ISLA
AVENTURA	LEYENDA
CAPITÁN	MALO
MAPA	OCÉANO
CICATRIZ	ORO
PELIGRO	LORO
BANDERA	MONEDAS
ESPADA	PLAYA
TRIPULACIÓN	RON
CUEVA	TESORO

40 - Activités

```
H A B I L I D A D P Í E C Í
M N K J U E G O S Z Y D E O
A D U T F T C R B I D K R N
T P L A C E R T C Q Y L Á I
L I M S V I E V U N R D M X
I N T E R E S E S R O C I O
C T T N K B P M V U A M C A
O U G D R L M X C O L U A S
S R Q E X J C A M P I N G X
T A J R F O T O G R A F Í A
U D G I A C T I V I D A D C
R C L S R P E S C A A Z J A
A Z Y M T J D D H T X M K Z
G D N O E A R T E S A N Í A
```

ACTIVIDAD	JUEGOS
ARTE	LECTURA
ARTESANÍA	OCIO
CAMPING	MAGIA
CERÁMICA	PINTURA
CAZA	PESCA
HABILIDAD	FOTOGRAFÍA
COSTURA	PLACER
INTERESES	SENDERISMO

41 - Fleurs

```
B M F B M Y G Q G O L Y P O
J K I J A H I H C N I L É V
A M A R G A R I T A L G T U
Z F J A N Z A G P R A G A R
M H J M O N S A A C É Í L L
Í P G O L F O R S I A B O O
N F E F I I L D I S M L O P
O T X O A T Z E O O A I R L
L A V A N D A N N O P R Q U
A I F C H Í H I A N O I U M
D Í Z R O S A A R S L O Í E
H I B I S C O E I L A U D R
T U L I P Á N J A B R E E I
I B X U J C E Y B D O R A A
```

RAMO	ORQUÍDEA
GARDENIA	PASIONARIA
HIBISCO	AMAPOLA
JAZMÍN	PÉTALO
NARCISO	PEONÍA
LAVANDA	PLUMERIA
LILA	ROSA
LIRIO	GIRASOL
MAGNOLIA	TRÉBOL
MARGARITA	TULIPÁN

42 - Nourriture #2

```
M  D  V  M  H  L  R  K  Í  D  F  S  C  B
A  P  I  O  A  L  M  E  N  D  R  A  E  R
N  B  E  R  E  N  J  E  N  A  R  F  R  Ó
Z  A  G  H  Í  A  G  K  I  W  I  F  E  C
A  P  H  P  B  D  P  O  L  L  O  I  Z  O
N  G  W  A  Z  D  W  F  S  Y  M  E  A  L
A  L  G  P  N  M  H  U  E  V  O  E  B  I
G  R  S  B  M  F  V  V  T  R  I  G  O  C
N  Q  R  E  P  U  K  A  A  J  O  X  X  O
Í  Z  T  O  M  A  T  E  R  A  K  Z  A  F
U  I  T  W  Z  B  N  L  I  M  J  S  X  F
C  H  O  C  O  L  A  T  E  Ó  K  Z  X  V
Q  C  V  X  P  L  Á  T  A  N  O  Z  K  B
P  E  S  C  A  D  O  K  T  J  H  N  Q  U
```

ALMENDRA	KIWI
BERENJENA	MANGO
PLÁTANO	HUEVO
TRIGO	PAN
BRÓCOLI	PESCADO
CEREZA	MANZANA
APIO	POLLO
SETA	UVA
CHOCOLATE	ARROZ
JAMÓN	TOMATE

43 - Océan

```
W M C F U Y C B A G Í P O B
U S C N T Z H D M E D U S A
X Z P S M K Y L B S A L O L
D T O R M E N T A P B P L L
A E W B A R C O Í O P O A E
T G L C A M A R Ó N B S S N
Ú C Í F E W N T Y J Í N C A
N M O Í C G U E A N I A R
E R A R M N U G R M B T N R
O S T R A D I A O K Y T G E
J A Y W E L L H G W J E R C
O K Í I Z A A W W E B C E I
T A V H P E S C A D O C J F
T I B U R Ó N V E U G I O E
```

ANGUILA	MEDUSA
BALLENA	PESCADO
BARCO	PULPO
CORAL	TIBURÓN
CANGREJO	ARRECIFE
CAMARÓN	SAL
DELFÍN	TORMENTA
ESPONJA	ATÚN
OSTRA	TORTUGA
MAREAS	OLAS

44 - Remplir

```
Í  I  U  L  V  C  N  V  B  I  H  J  D  B
N  E  B  Q  U  U  I  E  X  B  M  W  K  E
H  T  M  S  V  B  V  H  B  V  X  S  B  W
A  A  O  C  C  O  N  B  A  N  D  E  J  A
F  B  M  A  L  E  T  A  Í  T  U  N  L  P
S  O  B  R  E  N  M  Ñ  C  U  U  Í  G  V
J  L  U  P  M  C  U  E  N  C  A  B  B  Í
A  S  G  E  P  V  P  R  C  H  O  Z  O  V
R  I  W  T  D  J  Z  A  J  E  U  I  L  C
R  L  C  A  R  T  Ó  N  Q  A  S  S  S  A
Ó  L  Y  A  T  C  X  X  K  U  K  T  A  J
N  O  K  S  G  S  C  A  J  A  E  X  A  Ó
B  O  T  E  L  L  A  I  Í  V  V  T  S  N
P  B  A  R  R  I  L  T  A  R  R  O  E  G
```

BAÑERA	BANDEJA
BARRIL	BOLSILLO
CUENCA	TARRO
CAJA	BOLSA
BOTELLA	CUBO
CARTÓN	CAJÓN
CARPETA	TUBO
SOBRE	MALETA
CESTA	JARRÓN
PAQUETE	

45 - Ballet

```
R  J  S  E  L  M  Ú  S  I  C  A  B  C  A
S  B  X  G  Q  Ú  R  A  H  L  A  A  O  R
I  N  T  E  N  S  I  D  A  D  U  I  R  T
E  O  H  S  W  C  T  A  B  T  D  L  E  Í
E  S  F  T  R  U  M  P  I  É  I  A  O  S
G  N  T  O  W  L  O  L  L  C  E  R  G  T
H  Y  S  I  V  O  J  A  I  N  N  I  R  I
I  V  T  A  L  S  J  U  D  I  C  N  A  C
S  O  L  O  Y  O  R  S  A  C  I  E  F  O
O  I  N  S  Y  O  C  O  D  A  A  S  Í  Q
N  M  B  A  I  L  A  R  I  N  A  K  A  R
E  X  P  R  E  S  I  V  O  G  X  C  J  E
A  G  R  A  C  I  A  D  O  A  N  I  U  G
C  O  M  P  O  S  I  T  O  R  M  A  C  H
```

APLAUSO	INTENSIDAD
ARTÍSTICO	MÚSCULOS
BAILARINA	MÚSICA
COREOGRAFÍA	AUDIENCIA
HABILIDAD	ENSAYO
COMPOSITOR	RITMO
BAILARINES	SOLO
EXPRESIVO	ESTILO
GESTO	TÉCNICA
AGRACIADO	

46 - Fruit

```
A G U A C A T E K U M H N M
L N V L I M Ó N I P E I E E
B A P I Ñ A A R W X L G C L
A R B F K U J N I S O O T Ó
R A P E R A U A G B C A A N
I N L H C A G A X O O M R K
C J Á K W J M U V A T A I R
O A T R J D A B A T Ó Y N C
Q Y A M Q S N S U Y N I A E
U L N A N M Z T P E A Y H R
E P O T W M A V Z T S B B E
P A P A Y A N S M N U A A Z
B X A N G S A S Í M O Y C A
H F D H W R W Í M R F A G Q
```

ALBARICOQUE	KIWI
PIÑA	MANGO
AGUACATE	MELÓN
BAYA	NECTARINA
PLÁTANO	NARANJA
CEREZA	PAPAYA
LIMÓN	MELOCOTÓN
HIGO	PERA
FRAMBUESA	MANZANA
GUAYABA	UVA

47 - Surf

```
Í  E  D  F  U  E  R  Z  A  Q  D  W  E  C
P  R  I  N  C  I  P  I  A  N  T  E  S  L
Q  V  E  L  O  C  I  D  A  D  O  S  T  I
T  V  A  R  R  E  C  I  F  E  T  P  I  M
M  U  L  T  I  T  U  D  E  S  L  D  L  A
D  P  L  F  L  E  X  T  R  E  M  O  O  P
I  A  L  U  I  E  N  A  D  A  R  C  D  O
V  Z  U  A  I  V  T  C  E  Y  J  É  C  P
E  M  X  Y  Y  K  Q  A  A  Q  E  A  X  U
R  D  U  X  K  A  U  X  I  M  S  N  R  L
S  Y  T  A  G  U  P  Í  Y  R  P  O  L  A
I  E  S  T  Ó  M  A  G  O  E  U  E  G  R
Ó  K  G  H  P  M  A  J  E  M  M  I  Ó  H
N  H  Z  Z  S  F  G  B  F  O  A  O  U  N
```

DIVERSIÓN	NADAR
ATLETA	OCÉANO
CAMPEÓN	REMO
PRINCIPIANTE	PLAYA
ESTÓMAGO	POPULAR
EXTREMO	ARRECIFE
FUERZA	ESTILO
MULTITUDES	OLA
CLIMA	VELOCIDAD
ESPUMA	

48 - Technologie

```
V D P H S A C P Í S I E O I
M I A P U K Á A P O N S R N
W E R T A M M N T F V T D T
V D N T O Y A T U T E A E E
I I U S U S R A B W S D N R
R G I B A A A L X A T Í A N
U I H Y V J L L C R I S D E
S T H T U W E A U E G T O T
N A V E G A D O R F A I R L
C L U S B L O G S U C C G K
N H A R C H I V O E I A K Í
Y G L X U Q P J R N Ó S F T
S E G U R I D A D T N D B Q
W A J W X I H M T E D T S Í
```

BLOG	DIGITAL
CÁMARA	BYTES
CURSOR	ORDENADOR
DATOS	FUENTE
PANTALLA	INVESTIGACIÓN
ARCHIVO	SEGURIDAD
INTERNET	ESTADÍSTICAS
SOFTWARE	VIRTUAL
MENSAJE	VIRUS
NAVEGADOR	

49 - Météo

```
T  T  Y  E  D  X  R  Q  O  T  A  Í  J  T
F  O  R  B  R  I  S  A  Z  T  C  C  L  E
A  A  R  U  O  E  X  W  E  R  H  X  N  M
T  R  H  N  E  G  G  I  G  O  N  G  T  P
M  C  W  U  A  N  U  T  Z  P  I  C  I  E
Ó  O  C  B  R  D  O  P  H  I  E  L  O  R
S  I  A  E  V  V  O  D  B  C  B  L  H  A
F  R  L  J  S  E  Q  U  Í  A  L  C  L  T
E  I  M  O  N  Z  Ó  N  S  L  A  I  B  U
R  S  A  P  O  L  A  R  H  Q  Í  E  M  R
A  X  Y  Q  H  U  R  A  C  Á  N  L  S  A
E  T  O  R  M  E  N  T  A  J  T  O  E  J
V  I  E  N  T  O  G  C  Y  V  P  M  C  J
B  U  M  A  O  A  U  Í  C  M  Í  R  O  G
```

ARCO IRIS	HURACÁN
ATMÓSFERA	POLAR
BRISA	SECO
NIEBLA	SEQUÍA
CALMA	TEMPERATURA
CIELO	TORMENTA
CLIMA	TRUENO
HIELO	TORNADO
MONZÓN	TROPICAL
NUBE	VIENTO

50 - Châteaux

```
B A R F U E C A B A L L O U
N O B L E S N R K P W I F N
M V V I Y P I M P E R I O I
U W S W C A C A R S I F R C
F O H B Q D Y D Í C C E T O
T O R R E A T U N U C U A R
P A L A C I O R C D K D L N
I Z Q Z J T Z A I O G A E I
D I N A S T Í A P I R L Z O
H R M Q L P P R E I N O A A
X J A P A R E D B S D B N C
W T W G Z C A T A P U L T A
M U A C Ó C A B A L L E R O
F K P U K N P R I N C E S A
```

ARMADURA	FEUDAL
ESCUDO	FORTALEZA
CATAPULTA	UNICORNIO
CABALLO	PARED
CABALLERO	NOBLE
CORONA	PALACIO
DRAGÓN	PRÍNCIPE
DINASTÍA	PRINCESA
IMPERIO	REINO
ESPADA	TORRE

51 - Randonnée

L	M	P	U	Í	S	C	W	D	K	S	Í	P	A
E	O	E	D	W	V	A	C	L	I	M	A	I	N
P	N	S	S	P	Y	M	R	G	C	S	Y	E	I
A	T	A	U	O	S	P	S	U	S	P	Z	D	M
R	A	D	I	Y	L	I	A	Í	P	C	A	R	A
Q	Ñ	O	M	E	A	N	L	A	N	A	M	A	L
U	A	O	C	Y	A	G	V	S	Z	D	G	S	E
E	P	R	E	P	A	R	A	C	I	Ó	N	U	S
S	C	U	M	B	R	E	J	K	X	Y	V	Q	A
C	A	N	S	A	D	O	E	B	O	T	A	S	M
E	M	Y	N	A	T	U	R	A	L	E	Z	A	A
M	O	S	Q	U	I	T	O	S	R	L	U	G	P
A	C	A	N	T	I	L	A	D	O	J	K	N	A
O	R	I	E	N	T	A	C	I	Ó	N	E	R	H

ANIMALES
BOTAS
CAMPING
MAPA
CLIMA
AGUA
ACANTILADO
CANSADO
GUÍAS
PESADO

MONTAÑA
MOSQUITOS
NATURALEZA
ORIENTACIÓN
PARQUES
PIEDRAS
PREPARACIÓN
SALVAJE
SOL
CUMBRE

52 - Meubles

```
F  L  B  V  A  X  T  F  G  E  L  E  G  A
Í  L  D  L  A  S  L  F  T  S  Á  S  B  L
N  E  B  Y  N  I  Y  I  Q  P  M  T  Í  F
V  Q  J  K  K  L  P  X  P  E  P  A  Q  O
F  U  T  Ó  N  L  U  P  U  J  A  N  H  M
C  O  L  C  H  Ó  N  S  W  O  R  T  D  B
Ó  A  S  O  O  N  F  I  I  N  A  E  C  R
M  Y  L  N  W  S  H  X  S  L  G  S  A  A
O  M  V  M  H  Q  D  J  K  O  L  F  M  Y
D  F  M  C  O  J  I  N  E  S  F  A  A  B
A  B  H  G  U  H  A  M  A  C  A  Á  O  A
Q  U  G  E  S  T  A  N  T  E  R  Í  A  N
A  R  M  A  R  I  O  D  R  G  U  T  V  C
C  O  R  T  I  N  A  S  A  X  U  S  H  O
```

ARMARIO	FUTÓN
BANCO	HAMACA
ESTANTERÍA	LÁMPARA
SOFÁ	CAMA
SILLA	COLCHÓN
CÓMODA	ESPEJO
COJINES	ALMOHADA
ESTANTES	CORTINAS
SILLÓN	ALFOMBRA

53 - Art

```
C N U Y I N S P I R A D O V
S E N C I L L O F X S C H I
C L R E X P R E S I Ó N B S
V R T Á Z J L Q A F G X S U
F L E Q M X V K Y S X U U A
S X M A P I N T U R A S R L
X J A J R O C S P S U C R A
H O N E S T O A U Í Q O E H
C O M P O S I C I Ó N M A U
P V B O R I G I N A L P L M
E Y X E S Í M B O L O L I O
P E R S O N A L B V Z E S R
W X Í Í O C O N D D W J M B
H Y N A H G O Í S Z X O O M
```

CERÁMICA	ORIGINAL
COMPLEJO	PINTURAS
COMPOSICIÓN	PERSONAL
CREAR	POESÍA
EXPRESIÓN	SENCILLO
FIGURA	TEMA
HONESTO	SURREALISMO
HUMOR	SÍMBOLO
INSPIRADO	VISUAL

54 - Nutrition

```
O C S A L U D W L K B V C C
R O A A H I T J Í L D I A A
U M L N B X C D Q Í B T L R
M E U O G O K B U K Q A O B
Í S D T E C R T I U D M R O
U T A S F A U L D O I I Í H
E I B A H C E V O I G N A I
M B L L K R P F S X E A S D
T L E S P E C I A S S T Y R
P E C A L I D A D O T O A A
R E A P E T I T O E I X J T
Í I S Z W N N U O A Ó I S O
V R Z O A M A R G O N N N S
P R O T E Í N A S H H A G J
```

AMARGO	PESO
APETITO	PROTEÍNAS
CALORÍAS	CALIDAD
COMESTIBLE	SALUDABLE
DIETA	SALUD
DIGESTIÓN	SALSA
ESPECIAS	SABOR
CARBOHIDRATOS	TOXINA
LÍQUIDOS	VITAMINA

55 - Science Fiction

E	E	F	Í	D	W	S	Z	E	D	F	M	I	I
A	G	S	U	J	U	Í	M	X	T	A	I	L	M
T	K	A	C	E	G	S	U	T	J	N	S	U	A
Ó	E	E	L	E	G	Y	N	R	C	T	T	S	G
M	P	W	I	A	N	O	D	E	I	Á	E	I	I
I	V	H	B	F	X	A	O	M	N	S	R	Ó	N
C	Q	R	R	S	Y	I	R	O	E	T	I	N	A
O	U	E	O	P	A	T	A	I	O	I	O	R	R
U	F	A	S	W	F	X	W	Z	O	C	S	O	I
T	P	L	A	N	E	T	A	O	H	O	O	B	O
O	A	I	L	N	W	O	R	Á	C	U	L	O	U
P	F	S	E	X	P	L	O	S	I	Ó	N	T	Í
Í	T	T	E	C	N	O	L	O	G	Í	A	S	V
A	X	A	F	U	T	U	R	I	S	T	A	W	X

ATÓMICO
CINE
EXPLOSIÓN
EXTREMO
FANTÁSTICO
FUEGO
FUTURISTA
GALAXIA
ILUSIÓN
IMAGINARIO

LIBROS
MUNDO
MISTERIOSO
ORÁCULO
PLANETA
REALISTA
ROBOTS
ESCENARIO
TECNOLOGÍA
UTOPÍA

56 - Vertus #1

```
P  G  D  E  C  I  S  I  V  O  I  C  P  M
A  R  G  Q  A  P  A  S  I  O  N  A  D  O
C  A  T  F  I  O  B  I  E  N  T  I  E  D
I  C  L  I  M  P  I  O  N  C  E  M  F  E
E  I  E  A  W  E  O  Í  C  U  L  A  I  S
N  O  B  B  P  L  Í  V  A  R  I  G  C  T
T  S  G  L  V  P  T  P  N  I  G  I  I  O
E  O  K  E  C  I  Í  N  T  O  E  N  E  U
C  X  O  B  N  X  M  U  A  S  N  A  N  C
Z  C  V  F  H  E  Q  Z  D  O  T  T  T  Q
E  C  R  C  Z  R  R  F  O  Q  E  I  E  Ú
I  J  Q  P  L  W  T  O  R  H  N  V  F  T
P  R  Á  C  T  I  C  O  S  K  Í  O  K  I
Q  A  R  T  Í  S  T  I  C  O  U  C  U  L
```

ARTÍSTICO	IMAGINATIVO
BIEN	INTELIGENTE
ENCANTADOR	MODESTO
CURIOSO	APASIONADO
DECISIVO	PACIENTE
GRACIOSO	PRÁCTICO
EFICIENTE	LIMPIO
FIABLE	SABIO
GENEROSO	ÚTIL

57 - Professions #1

```
O  S  M  C  P  I  A  N  I  S  T  A  K  B
C  H  Ú  A  V  L  B  O  M  B  E  R  O  A
A  W  S  Z  B  Y  O  C  R  B  V  P  N  N
R  Z  I  A  E  C  G  B  B  H  F  A  R  Q
T  R  C  D  I  B  A  I  L  A  R  Í  N  U
Ó  J  O  O  A  Q  D  D  O  C  T  O  R  E
G  O  P  R  S  G  O  U  I  C  S  I  M  R
R  Y  C  I  T  G  E  Ó  L  O  G  O  N  O
A  E  N  T  R  E  N  A  D  O  R  X  O  U
F  R  K  D  Ó  E  M  B  A  J  A  D  O  R
O  O  N  Y  N  E  N  F  E  R  M  E  R  A
D  T  L  F  O  N  T  A  N  E  R  O  G  B
S  D  T  S  M  E  D  I  T  O  R  U  N  T
H  Q  U  U  O  P  S  I  C  Ó  L  O  G  O
```

EMBAJADOR	EDITOR
ASTRÓNOMO	GEÓLOGO
ABOGADO	ENFERMERA
BANQUERO	DOCTOR
JOYERO	MÚSICO
CARTÓGRAFO	PIANISTA
CAZADOR	FONTANERO
BAILARÍN	BOMBERO
ENTRENADOR	PSICÓLOGO

58 - Géologie

```
F  V  S  A  L  S  A  A  A  F  S  T  L  C
P  Í  E  R  O  S  I  Ó  N  R  Ó  K  F  F
Z  C  F  S  S  Z  C  V  M  V  Y  S  L  A
C  A  I  S  T  C  I  K  A  E  R  S  I  Í
C  R  I  S  T  A  L  E  S  I  S  C  U  L
L  H  I  D  L  P  L  X  V  S  R  E  T  C
A  T  Z  O  N  A  C  A  L  C  I  O  T  U
V  D  C  O  R  A  L  O  C  S  G  H  K  A
A  F  U  N  D  I  D  O  P  T  É  W  G  R
Á  M  I  N  E  R  A  L  E  S  I  O  Í  Z
C  O  N  T  I  N  E  N  T  E  S  T  A  O
I  C  A  V  E  R  N  A  E  T  E  O  A  Y
D  V  O  L  C  Á  N  S  F  E  R  H  N  E
O  D  P  I  E  D  R  A  W  B  M  D  U  N
```

ÁCIDO	GÉISER
CALCIO	LAVA
CAVERNA	MINERALES
CONTINENTE	PIEDRA
CORAL	MESETA
CAPA	CUARZO
CRISTALES	SAL
EROSIÓN	ESTALACTITA
FUNDIDO	VOLCÁN
FÓSIL	ZONA

59 - Cirque

```
B E E S P E C T A D O R E A
C I S U Z L E Ó N A L D S N
E T L P S R J B N Q K E O I
N I E L E F A N T E P S V M
T G H R E C Í E X W A F M A
R R Q G S T T V T X Y I O L
E E N F K R E A J L A L S E
T Y H O C A M G C R S E T S
E M A G O J W L L U O S R M
N B D C P E M O N O L M A A
E H C A C R Ó B A T A A R C
R Í X R G Í F O E X A G R G
C E H P Y M Ú S I C A I L D
M A L A B A R I S T A A U A
```

ACRÓBATA	MAGO
ANIMALES	MAGIA
GLOBOS	MOSTRAR
BILLETE	MÚSICA
PAYASO	DESFILE
TRAJE	MONO
ENTRETENER	ESPECTACULAR
ELEFANTE	ESPECTADOR
MALABARISTA	CARPA
LEÓN	TIGRE

60 - Jardin

```
R H A M A C A R B U S T O W
B A N C O T R A M P O L Í N
E Q S J A R D Í N J V Í Y S
U S V T P A L A T X E N Í B
I K T M R U H E R R L U S C
U R Í A H I E R B A Z W M J
K W N L N H L V V A L L A H
Z R F E Q Q U L Y C H T N U
M A C Z G Á U E O G O R G F
Y J É A H R M E R E X M U L
I Y S S Y B S Z O T N T E N
S O P F L O R P O C O B R Z
S U E L O L T E R R A Z A P
V I D T F G A R A J E Q G U
```

ÁRBOL	MALEZAS
BANCO	PALA
ARBUSTO	CÉSPED
VALLA	RASTRILLO
ESTANQUE	SUELO
FLOR	TERRAZA
GARAJE	TRAMPOLÍN
HAMACA	MANGUERA
HIERBA	HUERTO
JARDÍN	VID

61 - Barbecues

```
B M A Y J W F A M I L I A F
G P O L L O N R P Q F L Y R
V C J K M T R J U E G O S L
E Z F N T U C P F T H O Y S
R G H Q O T E A Z Y A Í P A
D N C C M A B R R R M O V L
U I U M A E O R Z N B Y R W
R Ñ C Ú T Z L I L O R X Í V
A O H S E M L L W I E L X X
S S I I S E A L V E R A N O
I A L C E N S A L A D A S P
R I L A Í J C W C E N A Z D
N Z O S C A L I E N T E C P
H B S L A P I M I E N T A S
```

CALIENTE	JUEGOS
CUCHILLOS	VERDURAS
ALMUERZO	MÚSICA
CENA	CEBOLLAS
NIÑOS	PIMIENTA
VERANO	POLLO
HAMBRE	ENSALADAS
FAMILIA	SALSA
FRUTA	SAL
PARRILLA	TOMATES

62 - Anniversaire

```
E  S  P  E  C  I  A  L  K  A  C  A  T  L
X  O  J  B  K  R  G  H  Y  M  E  Ñ  I  F
Q  F  O  F  E  T  L  O  I  I  L  O  E  Í
D  I  V  E  R  S  I  Ó  N  G  E  N  M  S
O  E  E  L  X  L  T  T  V  O  B  G  P  T
X  Q  N  I  B  R  A  P  I  S  R  Í  O  V
J  S  Í  Z  W  L  R  R  T  C  A  H  M  E
Z  C  Q  C  O  P  J  C  A  N  C  I  Ó  N
A  P  R  E  N  D  E  R  C  Z  I  O  T  D
X  A  Y  H  O  H  T  E  I  J  Ó  Í  J  F
Í  S  D  Í  A  Q  A  G  O  C  N  R  K  X
W  T  V  E  L  A  S  A  N  N  A  C  E  R
D  E  O  S  S  R  A  L  E  G  R  E  T  J
M  L  P  A  V  A  L  O  S  T  L  W  I  A
```

AMIGOS	PASTEL
DIVERSIÓN	FELIZ
AÑO	INVITACIONES
APRENDER	JOVEN
VELAS	DÍA
REGALO	ALEGRE
TARJETAS	NACER
CANCIÓN	ESPECIAL
CELEBRACIÓN	TIEMPO

63 - Animaux de Compagnie

```
S Y T C Y O L T Q H S A M H
D S O O Q N O S Q Á U X G W
S T R L V L R O P M R T S S
C C T L N N O I A S S H J Í
A G U A S M N A L T Y P R Í
C Y G R C A B R A E V E K G
H C A A Í N V A G R U R P A
O O O P A B G T A A A R V T
R L Í R E E V Ó R Í R O O I
R A D C R S A N T K J R G T
O N A K K E C C O M I D A O
C O N E J O A A V C U Y T S
T H T X J S S S D J Z D O Q
Í W B S J K J L F O Y C Z V
```

GATO	CONEJO
GATITO	LAGARTO
CABRA	COMIDA
PERRO	LORO
CACHORRO	PESCADO
COLLAR	COLA
AGUA	RATÓN
GARRAS	TORTUGA
HÁMSTER	VACA
CORREA	

64 - Forêt Tropicale

```
V A L I O S O P U Í W R U P
I N D Í G E N A G Z Q M S R
U R J Í X L R E S P E T O E
J H G Z B V E S P E C I E S
M R E S T A U R A C I Ó N E
A N A T U R A L E Z A P Í R
M U B O T Á N I C O L Á X V
Í Q O W R E F U G I O J M A
F C O M U N I D A D W A T C
E Q B X N U B E S M A R T I
R Q L Q C L I M A A D O D Ó
O P M U S G O E B C G S N N
S D I V E R S I D A D Y R K
I N S E C T O S B D Q Q W L
```

ANFIBIOS	MUSGO
BOTÁNICO	NATURALEZA
CLIMA	NUBES
COMUNIDAD	PÁJAROS
DIVERSIDAD	VALIOSO
ESPECIE	PRESERVACIÓN
INDÍGENA	REFUGIO
INSECTOS	RESPETO
SELVA	RESTAURACIÓN
MAMÍFEROS	

65 - Insectes

```
L D V Y Y A O T M L B C F Q
I W Í V Í S Z I E A J F P A
B I D D P U L G A R N E J N
É H C R Z R A K B V M T Z F
L O I K Á W N Í E A I I I H
U R G J F O G O J C C S T S
L M A R I P O S A A U G P A
A I R Z D I S D X V C U P A
O G R L O L T T B I A S M R
Y A A E X R A C Z S R A M F
M O S Q U I T O E P A N M D
M A R I Q U I T A Ó C O Z B
W Z F D K U P J T N H B W A
E S C A R A B A J O A I U X
```

ABEJA	LIBÉLULA
CUCARACHA	MANTIS
CIGARRA	MOSQUITO
MARIQUITA	MARIPOSA
LANGOSTA	PULGA
HORMIGA	ÁFIDO
AVISPÓN	ESCARABAJO
AVISPA	TERMITA
LARVA	GUSANO

66 - Ferme #1

```
I  H  C  S  T  Y  B  C  A  B  R  A  V  M
F  E  R  T  I  L  I  Z  A  N  T  E  A  I
A  W  T  W  H  P  S  T  R  M  W  Y  L  E
V  G  U  P  E  E  O  X  R  D  P  C  L  L
D  A  R  W  N  R  N  B  O  M  Q  O  A  O
B  B  C  I  O  R  T  A  Z  A  G  U  A  J
I  E  F  A  C  O  E  T  E  R  N  E  R  O
C  J  D  J  L  U  Q  C  A  B  A  L  L  O
H  A  V  N  P  B  L  P  O  L  L  O  P  A
J  O  E  G  Z  Q  J  T  B  U  R  R  O  V
R  E  B  A  Ñ  O  X  C  U  E  R  V  O  Z
Y  O  W  T  Z  C  Z  N  F  R  E  S  D  Í
T  E  S  O  D  D  R  F  F  E  A  B  R  B
K  U  T  F  T  L  M  H  V  H  L  G  J  P
```

ABEJA	CUERVO
AGRICULTURA	AGUA
BURRO	FERTILIZANTE
BISONTE	HENO
CAMPO	MIEL
GATO	POLLO
CABALLO	ARROZ
CABRA	REBAÑO
PERRO	VACA
VALLA	TERNERO

67 - Escalade

```
L U N O C G U Í A S G L U C
L N W F U E R Z A R H W Y U
F E D J E S T R E C H O C R
A O S V V G U A N T E S C I
I P R I A T M Ó S F E R A O
K V A M Ó L F Í S I C O S S
K U V A A N T O V Í R U C I
B T B P Y C Q I R N Q D O D
R E M A H E I A T B Í T W A
T R Y B Í X T Ó F U B U U D
M R U O Q C Q Í N H D P F Q
W E S T A B I L I D A D H P
H N I A E X P E R T O R R E
E O F S E N D E R I S M O A
```

ALTITUD	FUERZA
ATMÓSFERA	FORMACIÓN
LESIÓN	GUANTES
BOTAS	CUEVA
MAPA	GUÍAS
CASCO	FÍSICO
CURIOSIDAD	SENDERISMO
EXPERTO	ESTABILIDAD
ESTRECHO	TERRENO

68 - École #2

```
T  G  U  C  A  L  E  N  D  A  R  I  O  A
A  I  E  L  Á  P  I  Z  D  M  C  O  I  P
C  D  J  X  Y  P  D  B  G  N  Y  R  L  R
T  I  B  E  D  E  B  E  R  E  S  D  E  E
I  C  I  D  R  C  A  B  A  O  E  E  C  N
V  C  B  U  D  A  G  S  M  C  S  N  T  D
I  I  L  C  S  P  S  Y  Á  I  C  A  U  I
D  O  I  A  J  A  G  I  T  E  R  D  R  Z
A  N  O  C  O  U  N  Q  I  N  I  O  A  A
D  A  T  I  H  T  E  M  C  C  T  R  G  J
E  R  E  Ó  L  O  A  G  A  I  U  M  F  E
S  I  C  N  Y  B  Q  W  O  A  R  Q  S  W
E  O  A  B  M  Ú  F  Z  T  S  A  Y  O  Y
P  A  P  E  L  S  P  R  O  F  E  S  O  R
```

ACTIVIDADES	ESCRITURA
APRENDIZAJE	EDUCACIÓN
BIBLIOTECA	GRAMÁTICA
AUTOBÚS	JUEGOS
CALENDARIO	LECTURA
TIJERAS	LIBROS
LÁPIZ	ORDENADOR
DEBERES	PAPEL
DICCIONARIO	CIENCIA
PROFESOR	

69 - Antarctique

```
T O P O G R A F Í A I T D B
Í P M I G R A C I Ó N E P Í
N U B E S X G E O P V M C U
Í V A I C D U X X Á E P Z D
G C H E C C A P V J S E B A
L T Í P O H Q E J A T R A Í
A K A E N Y H D I R I A L I
C I E N T Í F I C O G T L S
I R W Í I D W C E S A U E L
A O Í N N M Í I F L D R N A
R C P S E A B Ó N F O A A S
E O U U N K S N H A R C S J
S S P L T M I N E R A L E S
J O S A E G E O G R A F Í A
```

BAHÍA	MIGRACIÓN
BALLENAS	MINERALES
INVESTIGADOR	NUBES
CONTINENTE	PÁJAROS
AGUA	PENÍNSULA
EXPEDICIÓN	ROCOSO
GEOGRAFÍA	CIENTÍFICO
HIELO	TEMPERATURA
GLACIARES	TOPOGRAFÍA
ISLAS	

70 - Professions #2

```
A M D F I L Ó S O F O P Z M
P S E J Q D I L U G N I O É
R F T I N V E N T O R N Ó D
O R E R D M M L G A X T L I
F P C P O C F W Í Ü B O O C
E P T J I N E K M Í I R G O
S F I E R L A K B S Ó S O V
O Z V G H E O U J S L K T L
R W E Z Y X S T T I O A G A
C I R U J A N O O A G O V O
I N V E S T I G A D O R U N
F O T Ó G R A F O Y W V F K
Y Q S D I N G E N I E R O O
D E N T I S T A X R Í P P J
```

ASTRONAUTA	INVENTOR
BIÓLOGO	LINGÜISTA
INVESTIGADOR	MÉDICO
CIRUJANO	PINTOR
DENTISTA	FILÓSOFO
DETECTIVE	FOTÓGRAFO
PROFESOR	PILOTO
INGENIERO	ZOÓLOGO

71 - Les Abeilles

```
V  I  G  Q  R  I  N  S  E  C  T  O  A  H
F  R  U  T  A  E  H  U  M  O  D  E  U  Á
C  O  M  I  D  A  I  Í  R  L  I  X  A  B
P  L  A  N  T  A  S  N  W  M  I  E  L  I
E  V  C  D  L  P  O  I  A  E  F  B  E  T
N  T  F  G  J  P  L  K  T  N  L  Q  K  A
J  A  R  D  Í  N  O  W  C  A  O  S  Í  T
A  X  N  V  S  X  C  L  T  E  R  C  Q  R
M  Q  Q  J  R  N  L  E  E  O  E  J  S  L
B  N  F  K  Z  C  N  F  R  N  S  Q  V  F
R  O  W  O  L  F  L  O  R  A  G  L  P  L
E  C  O  S  I  S  T  E  M  A  A  L  A  S
H  I  O  B  E  N  E  F  I  C  I  O  S  O
K  T  I  Y  D  I  V  E  R  S  I  D  A  D
```

ALAS	HÁBITAT
BENEFICIOSO	INSECTO
CERA	JARDÍN
DIVERSIDAD	MIEL
ENJAMBRE	COMIDA
ECOSISTEMA	PLANTAS
FLOR	POLEN
FLORES	REINA
FRUTA	COLMENA
HUMO	SOL

72 - Dinosaures

P	Y	P	B	H	E	R	B	Í	V	O	R	O	T
R	A	P	T	O	R	V	I	C	I	O	S	O	B
E	F	Ó	S	I	L	E	S	L	K	U	A	G	C
H	M	I	Q	W	C	A	R	N	Í	V	O	R	O
I	E	A	E	V	O	L	U	C	I	Ó	N	T	G
S	B	S	M	V	L	C	E	S	Í	L	U	B	M
T	T	Í	P	U	A	B	N	V	B	X	M	Y	Q
Ó	G	A	L	E	T	S	O	T	I	E	R	R	A
R	Í	L	M	Y	C	G	R	A	N	D	E	P	W
I	Y	A	M	A	P	I	M	I	Q	E	P	R	F
C	F	S	X	V	Ñ	I	E	Í	C	W	T	E	U
O	O	M	N	Í	V	O	R	O	Í	G	I	S	Y
P	O	D	E	R	O	S	O	A	Z	P	L	A	B
D	E	S	A	P	A	R	I	C	I	Ó	N	I	N

ALAS	OMNÍVORO
CARNÍVORO	PREHISTÓRICO
DESAPARICIÓN	PRESA
ESPECIE	PODEROSO
ENORME	COLA
EVOLUCIÓN	RAPTOR
FÓSILES	REPTIL
GRANDE	TAMAÑO
HERBÍVORO	TIERRA
MAMUT	VICIOSO

73 - Conduite

```
M O T O C I C L E T A L T S
C S M T Ú N E L C B P I R X
O E K R J G F P A O O C Á T
C G K L D V M E R C L E F R
H U Q J V E O A R A I N I A
E R A X B L T T E M C C C N
A I Í C I O O O T I Í I O S
G D L E C C R N E Ó A A Y P
A A F S V I I A R N P X I O
S D R P I D D L A J J X E R
S Q E A Í A P E L I G R O T
T B N G J D M H N R G M B E
G W O S A E Í J T T W L C O
B Y S M A P A O R G E D V V
```

ACCIDENTE
CAMIÓN
MAPA
PELIGRO
FRENOS
GARAJE
GAS
LICENCIA
MOTOR
MOTOCICLETA

PEATONAL
POLICÍA
CARRETERA
SEGURIDAD
TRÁFICO
TRANSPORTE
TÚNEL
VELOCIDAD
COCHE

74 - Plantes

```
C P H R B O S Q U E G T W H
F R I J O L W D L X N K O I
L F E R T I L I Z A N T E E
N J D U Á F L O R A K Q P R
C E R L N S C R E C E R É B
S T A M I U J A R D Í N T A
C V K Z C T M Í C B A Y A F
U Y H H A F R Z M T A Y L Í
A R B U S T O F M W U M O L
F O L L A J E X L E T S B L
I O Z V V H I Q T O Z N F Ú
Y M D O P N V P F Á R B O L
V E G E T A C I Ó N F I Í Z
O Í H S Y K P W M U S G O N
```

ÁRBOL	BOSQUE
BAYA	CRECER
BAMBÚ	FRIJOL
BOTÁNICA	HIERBA
ARBUSTO	JARDÍN
CACTUS	HIEDRA
FERTILIZANTE	MUSGO
FOLLAJE	PÉTALO
FLOR	RAÍZ
FLORA	VEGETACIÓN

75 - Ferme #2

```
Y  K  O  G  P  Q  U  C  X  M  V  C  O  H
A  Y  T  R  A  C  T  O  R  A  E  O  V  U
D  Z  R  A  S  J  S  L  O  Í  G  R  E  E
O  N  I  N  T  T  Z  M  J  Z  E  D  J  R
V  P  J  E  O  E  Z  E  H  J  T  E  A  T
L  F  E  R  R  D  H  N  Í  L  A  R  Z  O
L  E  V  O  D  N  K  A  F  G  L  O  P  W
A  G  R  I  C  U  L  T  O  R  I  E  G  O
M  B  Z  T  A  H  E  Q  U  Í  U  U  Q  Z
A  J  A  R  A  M  C  L  R  K  F  T  H  T
C  O  M  I  D  A  H  P  R  A  D  O  A  Z
A  W  M  G  C  X  E  R  L  V  P  A  T  O
Q  L  S  O  O  V  A  N  I  M  A  L  E  S
S  Q  A  K  C  E  B  A  D  A  R  A  A  P
```

CORDERO	LLAMA
AGRICULTOR	VEGETAL
ANIMALES	MAÍZ
PASTOR	OVEJA
TRIGO	COMIDA
PATO	CEBADA
FRUTA	PRADO
GRANERO	COLMENA
RIEGO	TRACTOR
LECHE	HUERTO

76 - École #1

```
E  S  C  R  I  T  O  R  I  O  R  E  A  C
A  D  I  V  E  R  S  I  Ó  N  T  X  P  Y
L  L  F  B  E  S  J  Í  E  W  B  Á  R  P
M  P  A  P  E  L  P  M  S  F  R  M  E  M
U  B  S  C  W  O  B  U  A  T  N  E  N  B
E  A  M  I  G  O  S  G  E  R  G  N  D  I
R  X  N  Ú  M  E  R  O  S  S  Z  E  E  B
Z  E  A  L  F  A  B  E  T  O  T  S  R  L
O  V  Í  M  I  M  J  Q  L  D  Z  A  M  I
C  A  R  P  E  T  A  S  I  L  L  A  S  O
Í  V  G  M  F  N  G  D  B  Á  A  Í  Y  T
P  R  O  F  E  S  O  R  R  P  U  D  K  E
S  T  H  C  B  V  L  X  O  I  L  V  G  C
G  O  C  K  N  Z  C  H  S  Z  A  R  T  A
```

ALFABETO	CARPETAS
AMIGOS	PROFESOR
DIVERSIÓN	EXÁMENES
APRENDER	LIBROS
BIBLIOTECA	NÚMEROS
ESCRITORIO	PAPEL
SILLA	EXAMEN
LÁPIZ	RESPUESTAS
ALMUERZO	AULA

77 - Vacances #2

```
M A P A D E S T I N O E L R
F A R E S E R V A S A X P F
X T R A N S P O R T E T V U
U E Q F Í V E A B X T R E N
V A C A C I O N E S Y A Z R
U C O U A A K C T A N N F C
C O M M R J R S I R Y J P V
C D U H P E E J H O T E L I
R E S T A U R A N T E R A S
C A M P I N G D I J G O Y A
Í H K T A X I L Z S A K A V
A E R O P U E R T O L Z U M
P A S A P O R T E G X A M L
Z L Q D T C K Í E G Í B G Í
```

AEROPUERTO
CAMPING
MAPA
DESTINO
EXTRANJERO
HOTEL
ISLA
OCIO
MAR
PASAPORTE

PLAYA
RESTAURANTE
RESERVAS
TAXI
CARPA
TREN
TRANSPORTE
VACACIONES
VISA
VIAJE

78 - Outils

```
P C M K Y M N G V E N I Z X
E U K B K Z A R A P T R K K
G C T E C Z N A V A J A G S
A H H Z H O T P M A Z O R Y
M I H Q W S O A A U O U A R
E L T A C L R D R M P K P E
N L O L C W C O T B F R A G
T O R I U H H R I P O Y D L
O Q N C E I A A L A C D N A
U B I A R Y Í U L L R Y C P
R Y L T D Í W H O A N Í X C
K Í L E A X W T I J E R A S
T H O S G V C A B L E B W B
R E S C A L E R A R U E D A
```

GRAPA	MAZO
GRAPADORA	MARTILLO
CABLE	PALA
TIJERAS	ALICATES
PEGAMENTO	NAVAJA
CUERDA	REGLA
CUCHILLO	RUEDA
ESCALERA	ANTORCHA
HACHA	TORNILLO

79 - Temps

```
P Z M G P Z A Ñ O L G Y S C
W R E M A A N U A L E N R A
D D O I B N T O N E R J S L
F Í R N H A E S C A R W Z E
F D A U T R S M D H M E S N
L N G T H O R A É S E U E D
Í G X O Í R R Ñ C I D T M A
R E L O J C U A A G I H A R
D E S P U É S N D L O W N I
F U T U R O X A A O D U A O
S R H C R Z M K S C Í H I A
C T M T V A H O R A A C J Q
Í P J K C J Z J X A Y E R X
E D N P D V H C U O D L S U
```

AÑO	RELOJ
ANUAL	DÍA
DESPUÉS	AHORA
ANTES	MAÑANA
PRONTO	MEDIODÍA
CALENDARIO	MINUTO
DÉCADA	MES
FUTURO	NOCHE
HORA	SEMANA
AYER	SIGLO

80 - Maison

```
B I B L I O T E C A J Á L D
C E U G M D C F Q Y V T Á U
G O S T C C Í H M Z E I M C
S L R C N G Q U I L S C P H
A J L T O D O I M M P O A A
N G Í Í I B U P O Z E H R M
J A R D Í N A G O I J N A J
P U E R T A A F B B O O E G
Q P V A L L A S Ó T A N O A
H A B I T A C I Ó N H I T R
S R A L F O M B R A V T A A
T E C H O C L L A V E S P J
Q D C O C I N A T R D Í L E
B F G G R K Í V E N T A N A
```

ESCOBA	ÁTICO
BIBLIOTECA	JARDÍN
HABITACIÓN	LÁMPARA
CHIMENEA	ESPEJO
LLAVES	PARED
VALLA	PUERTA
COCINA	CORTINAS
DUCHA	SÓTANO
VENTANA	ALFOMBRA
GARAJE	TECHO

81 - Légumes

```
E S P I N A C A S K Q G A O
A N A B O G E D X P N W Q L
P B S W B U M Q A M U H Y I
I R M A G I V W J G B I V V
O Ó C J L S Í O O S E T A A
D C A Y R A F X O Y R O J L
D O L F Z N D H K V Á M E C
I L A X P T N A P Y B A N A
L I B E R E N J E N A T G C
C H A L O T E P P V N E I H
C T Z P E R E J I L O P B O
U B A Z A Z Z H N H Z C R F
S Y H M W C E B O L L A E A
Z A N A H O R I A Í P Y B E
```

AJO	ESPINACAS
ALCACHOFA	JENGIBRE
BERENJENA	NABO
BRÓCOLI	CEBOLLA
ZANAHORIA	OLIVA
APIO	PEREJIL
SETA	GUISANTE
CALABAZA	RÁBANO
PEPINO	ENSALADA
CHALOTE	TOMATE

82 - Famille

```
A  W  O  I  P  Y  U  H  E  R  M  A  N  A
B  I  N  F  A  N  C  I  A  P  A  N  I  S
U  B  W  R  D  B  S  J  H  A  T  T  Ñ  O
E  S  J  Z  R  B  U  A  F  G  E  E  O  B
L  S  P  X  E  I  U  E  M  P  R  P  S  R
O  P  R  I  M  O  A  R  L  P  N  A  O  I
H  N  D  T  M  G  V  P  Y  A  O  S  B  N
E  I  H  Í  A  A  F  T  Í  T  Í  A  R  A
R  Ñ  C  O  R  U  D  X  Í  E  C  D  I  L
M  O  U  Y  I  D  S  R  F  R  J  O  N  Z
A  Q  Z  F  D  U  W  Z  E  N  Q  G  O  Q
N  N  G  N  O  P  M  S  Z  O  K  O  J  S
O  O  Y  B  E  S  P  O  S  A  E  J  C  O
J  D  Q  B  S  P  Q  F  K  Q  L  H  H  P
```

ANTEPASADO	MARIDO
PRIMO	MATERNO
INFANCIA	MADRE
NIÑO	SOBRINO
NIÑOS	SOBRINA
ESPOSA	TÍO
HIJA	PATERNO
HERMANO	PADRE
ABUELA	HERMANA
ABUELO	TÍA

83 - Oiseaux

```
C P F C G C Á G U I L A F P
F E A I Z U V W A S X V Q I
Q L J C C Q U G P Y T E X N
W Í V H U E V O Z P U S J G
S C X I C E Í R N O C T I Ü
G A P V O K Y R C L Á R A I
A N A A F Í O I I L N U C N
N O V U L C V Ó G O T Z I O
S Z O P A O H N Ü S C B S V
O L R A M C M K E E Í C N L
R O E T E T W A Ñ H M Y E L
N R A O N F S G A V I O T A
J O L O C G A R Z A F H H U
U D W C O O I C U E R V O B
```

ÁGUILA	PINGÜINO
AVESTRUZ	GORRIÓN
PATO	GAVIOTA
CIGÜEÑA	HUEVO
PALOMA	GANSO
CUERVO	PAVO REAL
CUCO	LORO
CISNE	PELÍCANO
FLAMENCO	POLLO
GARZA	TUCÁN

84 - Disciplines Scientifiques

```
S  Í  P  Q  S  A  M  M  W  T  L  E  B  Y
V  L  H  U  O  S  E  I  Í  E  I  C  I  N
D  M  W  Í  C  T  T  N  B  R  N  O  O  A
P  E  I  M  I  R  E  E  O  M  G  L  Q  N
B  C  N  I  O  O  O  R  M  O  Ü  O  U  E
E  Á  M  C  L  N  R  A  G  D  Í  G  Í  U
B  N  U  A  O  O  O  L  E  I  S  Í  M  R
O  I  N  Z  G  M  L  O  O  N  T  A  I  O
T  C  O  M  Í  Í  O  G  L  Á  I  P  C  L
Á  A  L  L  A  A  G  Í  O  M  C  M  A  O
N  U  O  X  O  J  Í  A  G  I  A  I  E  G
I  F  G  T  M  G  A  O  Í  C  S  A  B  Í
C  W  Í  U  G  R  Í  M  A  A  H  E  A  A
A  N  A  T  O  M  Í  A  N  B  O  M  A  T
```

ANATOMÍA
ASTRONOMÍA
BIOQUÍMICA
BIOLOGÍA
BOTÁNICA
QUÍMICA
ECOLOGÍA
GEOLOGÍA

INMUNOLOGÍA
LINGÜÍSTICA
MECÁNICA
METEOROLOGÍA
MINERALOGÍA
NEUROLOGÍA
SOCIOLOGÍA
TERMODINÁMICA

85 - Émotions

```
A  T  A  H  B  H  T  L  G  P  V  T  A  S
T  G  I  R  A  O  N  U  X  F  Q  R  B  O
E  A  R  W  K  T  N  L  M  X  S  A  U  R
R  L  E  A  B  Í  M  D  R  E  I  N  R  P
N  E  L  A  D  W  M  B  A  X  M  Q  R  R
U  G  A  R  L  E  J  O  L  D  P  U  I  E
R  R  J  S  E  I  C  A  L  M  A  I  M  S
A  Í  A  S  V  V  V  I  I  R  T  L  I  A
Y  A  D  A  M  O  R  I  D  D  Í  I  E  M
A  R  O  R  A  W  H  B  O  O  A  D  N  I
C  O  N  T  E  N  I  D  O  U  U  A  T  E
T  G  A  V  E  R  G  O  N  Z  A  D  O  D
E  M  O  C  I  O  N  A  D  O  Í  S  J  O
S  A  T  I  S  F  E  C  H  O  P  A  Z  J
```

AMOR	PAZ
CALMA	MIEDO
IRA	AGRADECIDO
CONTENIDO	ALIVIO
RELAJADO	SATISFECHO
AVERGONZADO	SORPRESA
ABURRIMIENTO	SIMPATÍA
EMOCIONADO	TERNURA
BONDAD	TRANQUILIDAD
ALEGRÍA	

86 - Géographie

```
I  S  L  A  T  L  A  S  D  C  T  R  N  M
A  C  G  D  H  E  M  I  S  F  E  R  I  O
Y  W  J  K  A  I  L  L  C  U  R  Í  M  N
F  N  F  M  A  P  A  L  O  N  R  O  E  T
I  N  J  M  X  A  T  O  N  M  I  G  R  A
B  S  S  Q  N  Í  I  E  T  J  T  U  I  Ñ
C  Q  H  C  X  S  T  S  I  K  O  Í  D  A
R  E  G  I  Ó  N  U  T  N  V  R  X  I  T
I  Q  O  U  Z  N  D  E  E  A  I  Í  A  M
E  Y  C  D  C  M  M  U  N  D  O  M  N  H
T  D  É  A  Í  Y  A  U  T  F  L  S  O  J
I  I  A  D  S  X  W  R  E  U  H  K  Q  D
J  F  N  O  R  T  E  A  L  T  I  T  U  D
R  N  O  D  D  E  P  P  Y  T  H  O  I  Í
```

ALTITUD	MUNDO
ATLAS	MONTAÑA
MAPA	NORTE
CONTINENTE	OCÉANO
RÍO	OESTE
HEMISFERIO	PAÍS
ISLA	REGIÓN
LATITUD	SUR
MAR	TERRITORIO
MERIDIANO	CIUDAD

87 - Danse

```
A L E G R E S A L T A R J C
C C U E R P O M X P Í Q G U
A O A E M O C I Ó N N V O L
V R R D L H M O R D C Y M T
I W T E E X P R E S I V O U
S S D E O M Ú S I C A R V R
U O C J U G I T Í L P I I A
A C U L T U R A C G E T M L
L I F F A G R A C I A M I M
L O B D N P H B F X E O E E
C L Á S I C O Y G Í O J N K
R T R A D I C I O N A L T O
O E I U W P O S T U R A O Z
E N S A Y O I Z L S T H Í M
```

ACADEMIA	ALEGRE
ARTE	MOVIMIENTO
COREOGRAFÍA	MÚSICA
CLÁSICO	SOCIO
CUERPO	POSTURA
CULTURA	ENSAYO
CULTURAL	RITMO
EXPRESIVO	SALTAR
EMOCIÓN	TRADICIONAL
GRACIA	VISUAL

88 - Bâtiments

```
W G X T J R E G E F E L D Í
C A R P A S M R S Á L A X J
A R P L P U B A T B E B C K
B A P T A P A N A R S O R V
I J H J R E J E D I M R P C
N E O C T R A R I C V A T T
A Y S B A M D O O A R T O C
G P P I M E A H Z K M O R A
U N I V E R S I D A D R R S
H Í T M N C P C I N E I E T
O G A S T A S M U S E O Y I
T Q L X O D U A Y E G Q Z L
E Q X N E O V L Z S L N V L
L I L T E A T R O R W A B O
```

EMBAJADA   LABORATORIO
APARTAMENTO   MUSEO
CABINA   ESTADIO
CASTILLO   SUPERMERCADO
CINE   CARPA
ESCUELA   TEATRO
GARAJE   TORRE
GRANERO   UNIVERSIDAD
HOSPITAL   FÁBRICA
HOTEL

89 - Pêche

```
E  Q  Í  W  C  O  C  I  N  A  R  D  Y  B
E  X  A  H  A  P  Q  P  C  N  Í  W  V  R
Q  Y  A  M  B  A  R  C  O  E  O  L  L  A
U  O  T  G  L  H  E  O  Y  A  S  G  Q  N
I  R  E  G  E  X  H  J  A  W  G  T  M  Q
P  E  S  O  L  R  P  Z  G  E  G  P  A  U
O  C  W  V  K  N  A  N  U  B  R  K  K  I
P  E  G  W  G  V  C  C  A  R  G  D  Q  A
K  B  O  O  A  K  I  Q  I  W  L  J  V  S
P  O  W  I  N  P  E  R  G  Ó  L  A  G  O
S  L  U  Q  C  H  N  S  B  P  N  J  L  Í
B  R  A  A  H  O  C  É  A  N  O  Y  Y  H
Y  A  V  Y  O  U  I  H  K  N  U  I  Q  U
V  J  B  Y  A  M  A  N  D  Í  B  U  L  A
```

CEBO	RÍO
BARCO	LAGO
BRANQUIAS	MANDÍBULA
GANCHO	OCÉANO
COCINAR	CESTA
AGUA	PACIENCIA
EXAGERACIÓN	PLAYA
EQUIPO	PESO
CABLE	

90 - Activités et Loisirs

```
P  B  B  S  U  R  F  G  X  R  V  E  X  Í
E  I  O  É  T  X  K  O  O  E  O  B  A  S
S  Z  N  X  I  T  K  L  Í  L  L  V  K  R
C  X  Y  T  E  S  F  F  Z  A  E  C  O  F
A  V  H  F  U  O  B  X  B  J  I  A  Z  W
A  N  U  H  M  R  V  O  A  A  B  M  M  Í
F  V  I  A  J  E  A  P  L  N  O  P  F  T
I  W  Z  Z  S  A  X  A  O  T  L  I  Ú  E
C  A  R  R  E  R  A  S  N  E  P  N  T  N
I  G  D  K  R  G  B  U  C  E  O  G  B  I
O  Q  J  A  R  D  I  N  E  R  Í  A  O  S
N  S  E  N  D  E  R  I  S  M  O  M  L  B
E  A  R  T  E  Y  N  A  T  A  C  I  Ó  N
S  J  K  V  Y  N  F  X  O  S  I  D  F  W
```

ARTE	AFICIONES
BÉISBOL	PINTURA
BALONCESTO	PESCA
BOXEO	BUCEO
CAMPING	SENDERISMO
CARRERAS	RELAJANTE
FÚTBOL	SURF
GOLF	TENIS
JARDINERÍA	VOLEIBOL
NATACIÓN	VIAJE

91 - Livres

```
P  D  U  P  C  Í  C  N  D  S  Í  Í  P  P
S  O  I  R  T  P  O  M  O  R  P  D  N  E
O  B  E  L  W  J  L  L  W  V  O  U  A  R
C  E  C  S  B  S  E  R  I  E  E  A  R  T
S  P  Y  U  Í  L  C  R  Y  M  M  L  R  I
K  O  S  A  S  A  C  F  N  L  A  I  A  N
E  P  T  U  G  V  I  P  C  R  C  D  D  E
L  E  C  T  O  R  Ó  Z  Á  P  H  A  O  N
D  Y  A  O  M  E  N  T  E  G  C  D  R  T
G  A  W  R  I  N  V  E  N  T  I  V  O  E
L  I  T  E  R  A  R  I  O  M  X  N  W  V
H  U  M  O  R  Í  S  T  I  C  O  O  A  B
H  I  S  T  Ó  R  I  C  O  I  S  Í  S  I
C  O  N  T  E  X  T  O  O  L  V  Q  S  Í
```

AUTOR	LITERARIO
COLECCIÓN	NARRADOR
CONTEXTO	PÁGINA
DUALIDAD	PERTINENTE
EPOPEYA	POEMA
HISTÓRICO	POESÍA
HUMORÍSTICO	NOVELA
INVENTIVO	SERIE
LECTOR	

92 - Pays #2

I	N	D	O	N	E	S	I	A	C	Y	P	A	U
N	J	U	K	J	U	Q	K	E	N	I	A	L	C
V	P	F	F	L	P	T	S	M	T	R	K	B	R
I	L	D	R	U	S	I	A	J	O	L	I	A	A
S	G	Í	M	A	H	U	K	A	J	A	S	N	N
Í	I	R	V	H	N	H	K	P	P	N	T	I	I
U	Q	R	F	G	P	C	V	Ó	C	D	Á	A	A
G	H	N	I	U	C	S	I	N	C	A	N	T	T
A	G	N	O	A	Í	O	Q	A	H	A	I	T	Í
N	L	A	O	S	Y	M	É	X	I	C	O	R	N
D	C	H	I	N	A	A	L	Í	B	A	N	O	F
A	B	F	N	D	K	L	R	D	F	Z	P	U	Q
G	Í	J	A	M	A	I	C	A	F	Í	U	N	T
S	U	D	Á	N	B	A	O	B	J	S	Í	R	T

ALBANIA	LÍBANO
CHINA	MÉXICO
FRANCIA	UGANDA
HAITÍ	PAKISTÁN
INDONESIA	RUSIA
IRLANDA	SOMALIA
JAMAICA	SUDÁN
JAPÓN	SIRIA
KENIA	UCRANIA
LAOS	

93 - Fournitures d'Art

```
I  B  O  R  R  A  D  O  R  P  K  U  Z  H
Y  D  M  W  K  O  N  C  O  L  O  R  E  S
V  X  E  S  C  Á  M  A  R  A  P  Q  A  Q
K  Z  S  A  C  E  P  I  L  L  O  S  G  Y
C  M  A  Í  S  S  I  L  L  A  W  U  U  T
P  A  S  T  E  L  E  S  L  L  Í  E  A  H
X  Z  B  U  B  Z  A  C  R  Í  L  I  C  O
C  R  E  A  T  I  V  I  D  A  D  W  I  Y
A  R  C  I  L  L  A  G  C  A  R  B  Ó  N
P  A  P  E  L  L  L  Á  P  I  C  E  S  U
T  A  C  U  A  R  E  L  A  S  W  I  V  J
A  C  E  I  T  E  B  T  I  N  T  A  H  E
E  U  A  Q  O  F  G  H  E  P  N  S  P  G
P  E  G  A  M  E  N  T  O  C  Y  E  D  U
```

ACRÍLICO	LÁPICES
ACUARELAS	CREATIVIDAD
ARCILLA	AGUA
CEPILLOS	TINTA
CÁMARA	BORRADOR
SILLA	ACEITE
CARBÓN	IDEAS
CABALLETE	PAPEL
PEGAMENTO	PASTELES
COLORES	MESA

94 - Jouets

```
C A M I Ó N R B O L A T C P
F O M E B Z O I A H M A T U
A L M E H Y M C I F J M Z E
V I U E E N P I N T U R A S
O B N C T T E C M R E Q R I
R R R I A A C L A E G M C C
I O R Í M V A E C N O B I O
T S B J B I B T J E S K L C
O A L A O Ó E A W Q A R L H
J H U U R N Z B A R C O A E
F A R T E S A N Í A F I O E
Q Y N I S Í S R O B O T S Z
M U Ñ E C A J E D R E Z T O
I M A G I N A C I Ó N K B D
```

ARCILLA	JUEGOS
ARTESANÍA	LIBROS
AVIÓN	PINTURAS
BOLA	MUÑECA
BARCO	ROMPECABEZAS
CAMIÓN	ROBOT
COMETA	TAMBORES
AJEDREZ	TREN
FAVORITO	BICICLETA
IMAGINACIÓN	COCHE

95 - Eau

```
T  H  U  R  A  C  Á  N  L  G  C  K  O  H
L  L  U  V  I  A  M  H  S  Í  S  R  E  Ú
N  B  J  M  R  I  E  G  O  P  E  S  A  M
I  T  J  O  E  R  Í  O  Z  G  V  I  P  E
E  H  E  L  A  D  A  O  C  É  A  N  O  D
V  M  S  A  S  U  A  L  A  I  P  U  Z  O
E  T  P  S  V  C  A  D  N  S  O  N  I  L
J  Í  E  A  A  H  C  I  A  E  R  D  N  Y
S  Y  K  A  P  A  R  C  L  R  A  A  U  E
H  N  M  W  O  A  H  R  A  K  C  C  H  M
Í  I  M  V  R  E  D  I  G  H  I  I  R  H
N  Í  E  W  R  D  E  O  O  Q  Ó  Ó  K  C
U  A  O  L  M  O  N  Z  Ó  N  N  N  S  U
V  T  V  C  O  K  M  T  B  R  N  F  C  L
```

CANAL	RIEGO
DUCHA	LAGO
EVAPORACIÓN	MONZÓN
RÍO	NIEVE
HELADA	OCÉANO
GÉISER	HURACÁN
HIELO	LLUVIA
HÚMEDO	EMPAPADO
HUMEDAD	OLAS
INUNDACIÓN	VAPOR

96 - Paysages

```
U  L  I  B  Í  G  É  I  S  E  R  L  S  A
P  Í  S  L  M  L  J  C  A  S  C  A  D  A
M  C  R  A  I  A  T  U  N  D  R  A  E  P
P  O  F  G  F  C  R  Í  O  S  P  T  S  E
A  L  N  O  K  I  C  E  B  E  R  G  I  N
N  I  D  T  O  A  S  I  S  X  P  J  E  Í
T  N  E  E  A  R  O  L  T  H  L  A  R  N
A  A  S  Z  I  Ñ  P  R  A  Z  A  D  T  S
N  F  T  V  K  L  A  P  C  W  Y  U  O  U
O  I  U  V  O  L  C  Á  N  C  A  X  W  L
S  O  A  V  U  L  Z  Q  W  U  O  Q  R  A
V  O  R  A  M  P  S  B  T  E  B  C  Q  X
P  K  I  Q  W  W  E  K  R  V  A  L  L  E
T  O  O  E  Z  B  R  M  P  A  N  F  R  F
```

CASCADA	LAGO
COLINA	PANTANO
DESIERTO	MAR
ESTUARIO	MONTAÑA
RÍO	OASIS
GÉISER	PENÍNSULA
GLACIAR	PLAYA
CUEVA	TUNDRA
ICEBERG	VALLE
ISLA	VOLCÁN

97 - Nombres

```
D I E Z N U E V E B Z C D D
I I P Í O K N L G Q Z P I I
E V E L Q C F U J N Í Y E E
C D E C I M A L P X R Q C C
I A O M I E Í O V L O F I I
S D C C E S J R T T B S O N
É O H E E L I S I E T E C U
I S O R I Y V E R G R I H E
S V Q O C D R K T R E S O V
B N P Y Q U I N C E C F A E
C I N C O J A L K K E S Z D
C A T O R C E T R B D J V D
D T S C L Í J F R W T C D M
V E I N T E U I J O K D Z S
```

CINCO	CATORCE
DOS	CUATRO
DECIMAL	QUINCE
DIEZ	DIECISÉIS
DIECIOCHO	SIETE
DIECINUEVE	SEIS
DIECISIETE	TRECE
DOCE	TRES
OCHO	VEINTE
NUEVE	CERO

98 - Nature

```
R  Á  D  S  A  L  V  A  J  E  D  B  F  N
E  R  E  A  K  D  D  P  T  E  Í  T  O  I
F  T  S  N  A  N  I  M  A  L  E  S  L  E
U  I  I  T  S  E  Q  N  M  V  O  L  L  B
G  C  E  U  C  E  T  U  Á  A  Q  W  A  L
I  O  R  A  C  H  R  B  U  M  G  T  J  A
O  O  T  R  R  I  Í  E  I  T  I  C  E  V
R  P  O  I  M  Y  O  S  N  R  R  C  T  I
Q  Í  B  O  S  Q  U  E  Y  O  T  Q  O  T
E  R  O  S  I  Ó  N  B  Q  P  M  Í  H  A
P  A  C  Í  F  I  C  O  Y  I  C  Í  S  L
P  C  I  J  E  V  U  N  N  C  L  B  H  P
E  W  T  W  H  E  R  G  L  A  C  I  A  R
A  B  E  J  A  S  M  B  E  L  L  E  Z  A
```

ABEJAS	RÍO
REFUGIO	BOSQUE
ANIMALES	GLACIAR
ÁRTICO	NUBES
BELLEZA	PACÍFICO
NIEBLA	SANTUARIO
DESIERTO	SALVAJE
DINÁMICO	SERENO
EROSIÓN	TROPICAL
FOLLAJE	VITAL

99 - Bateaux

```
M O T O R B N S Í Í M A T L
A Á U P E A Á Y F E Í P R Z
R W S E D L U Y J D V V I I
I G K T M S T A K P C X P P
N P H V I A I T W G U A U A
E Q X Í B L C E W P E B L T
R O C É A N O O M A R E A I
O C M M B Z Z M V P D P C U
F E R R Y O C A N O A P I B
K A Y A K L Y R P J M E Ó A
R Í O L A S A A N C L A N G
M H T Í W Z W G C B K X Q C
A T Q I F R E Í O D R C X W
P Z S Z V E L E R O T R K W
```

ANCLA	MARINERO
BOYA	MÁSTIL
CANOA	MAR
CUERDA	MOTOR
TRIPULACIÓN	NÁUTICO
FERRY	OCÉANO
RÍO	BALSA
KAYAK	OLAS
LAGO	VELERO
MAREA	YATE

100 - Mesures

M A S A Y B P D V S P C Y I
Q E J H Í O R E O X W E G H
B Y T E L N O C L S Z N S F
K Í R R Z Z F I U D X T A O
L I T R O A U M M E F Í T I
M K L R X Y N A E W H M V G
A I O O B U D L N E K E O A
V L N I G C I Y Z C Y T X N
M Ó G F R R D A L T U R A C
I M I H A B A F Z J X O O H
N E T T D I D M G R A M O O
U T U Y O J I V O C U A D R
T R D P U L G A D A Z S Í O
O O D B Í Y T O N E L A D A

CENTÍMETRO	MASA
GRADO	METRO
DECIMAL	MINUTO
GRAMO	BYTE
ALTURA	ONZA
KILOGRAMO	PESO
KILÓMETRO	PULGADA
ANCHO	PROFUNDIDAD
LITRO	TONELADA
LONGITUD	VOLUMEN

Word Search Puzzles

1 - Été
2 - Adjectifs #2
3 - Exploration
4 - Formes
5 - Adjectifs #1
6 - Instruments de Musique
7 - Échecs
8 - Herboristerie
9 - Véhicules
10 - Camping
11 - Conservation
12 - Écologie

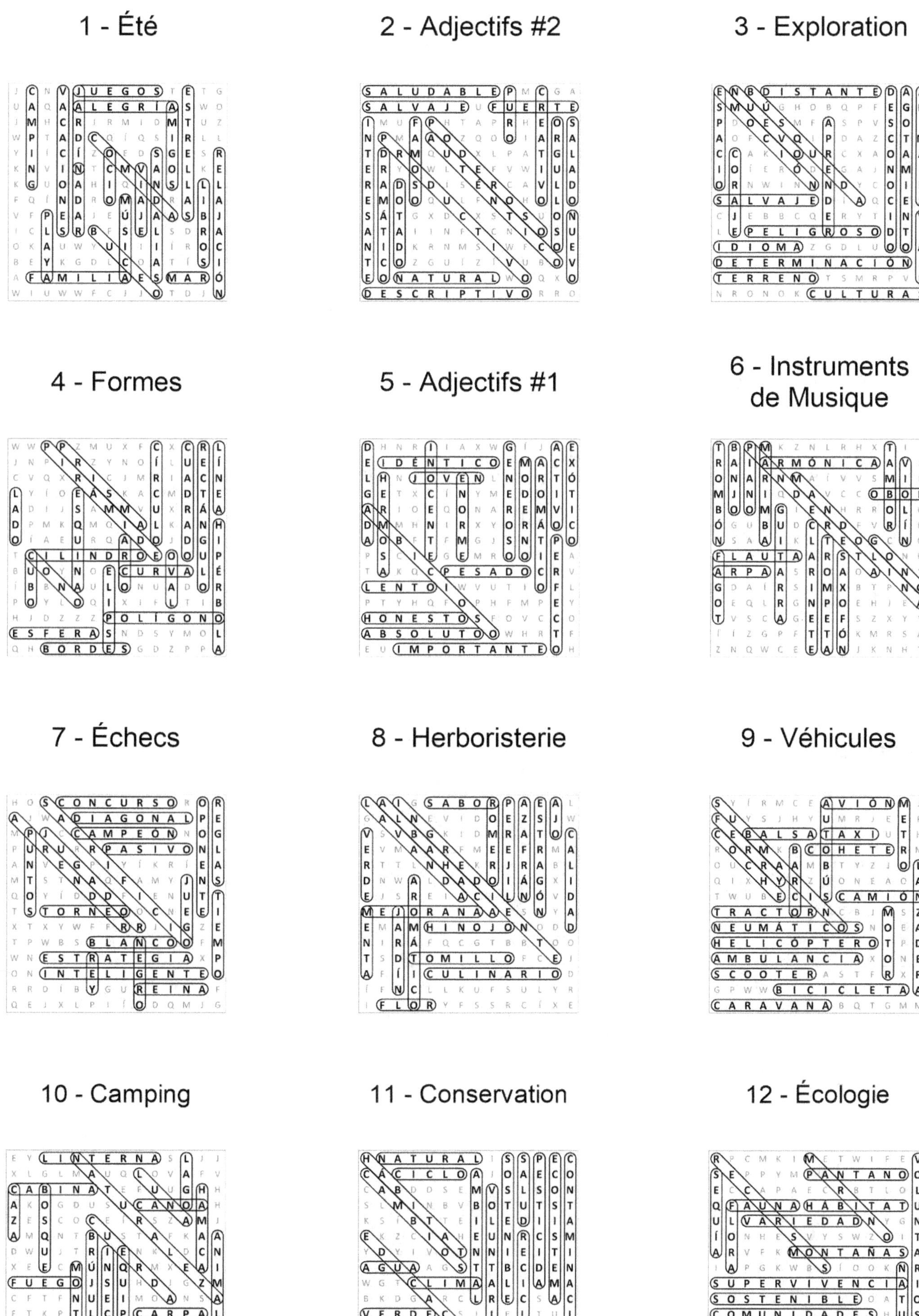

13 - Astronomie
14 - Types de Cheveux
15 - Restaurant #1
16 - Mammifères
17 - Sports
18 - Chocolat
19 - Mathématiques
20 - Mythologie
21 - Restaurant #2
22 - Couleurs
23 - Avions
24 - Aventure

25 - Ville

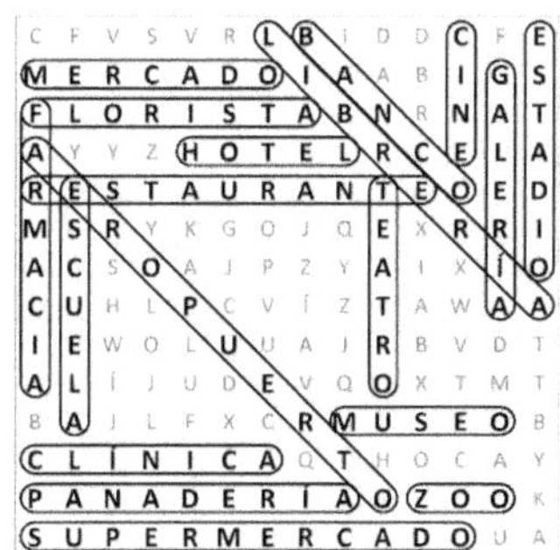

26 - Cuisine

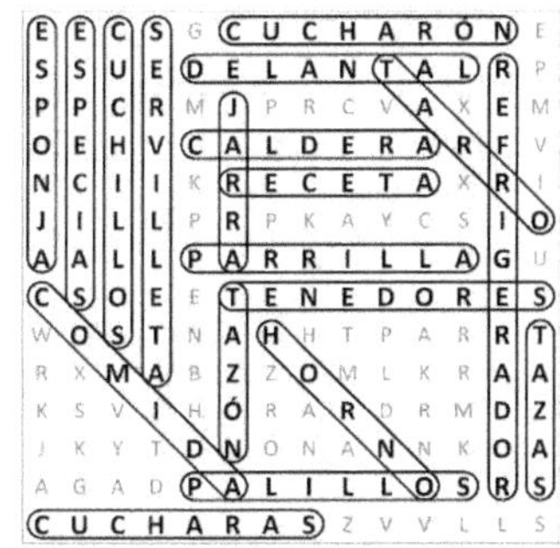

27 - Gentillesse

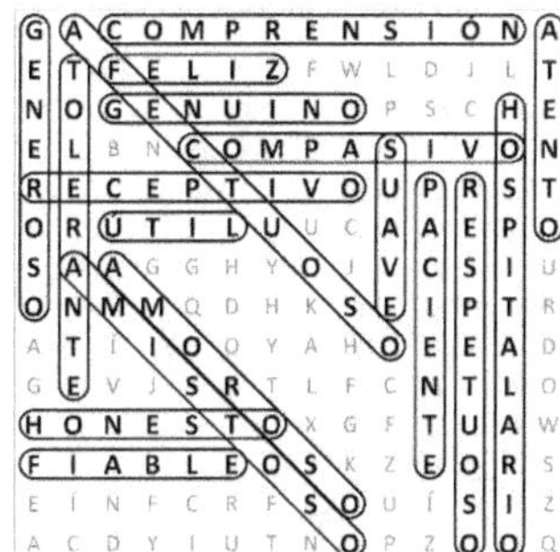

28 - Corps Humain

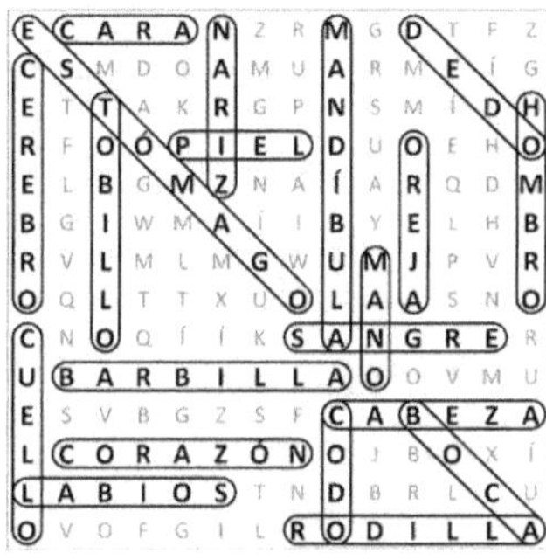

29 - Épices

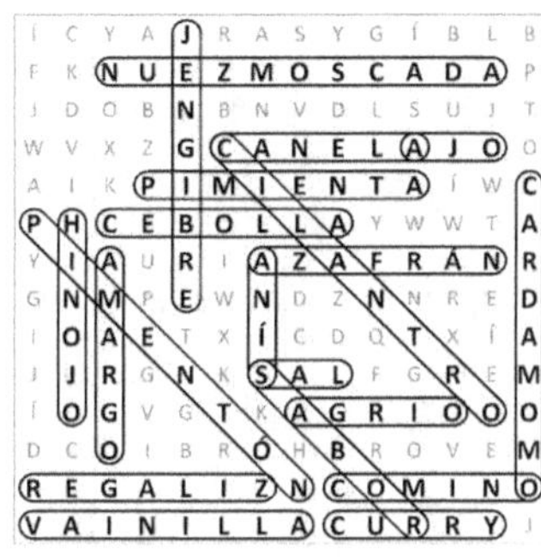

30 - Science

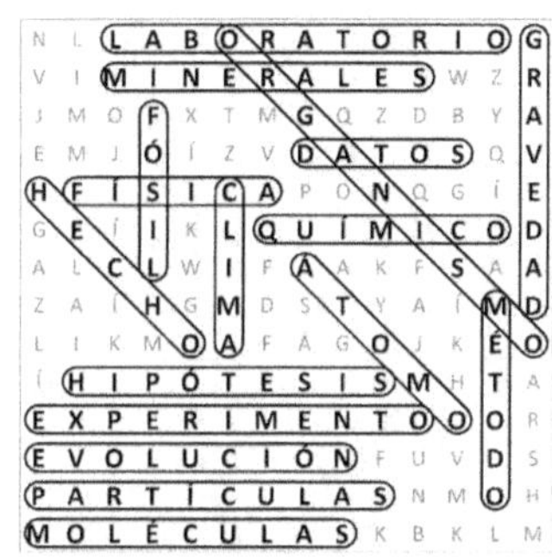

31 - Chats

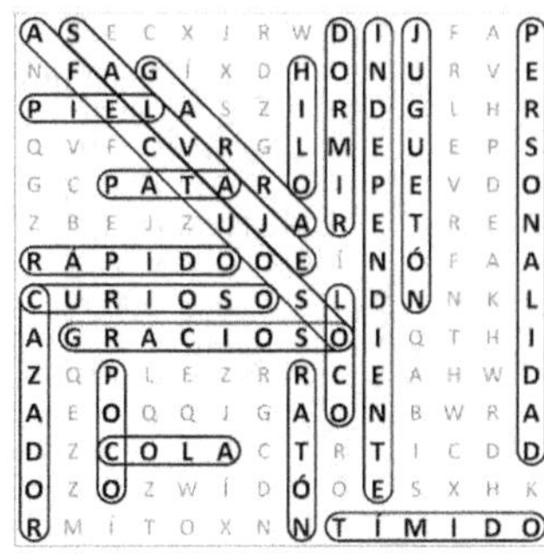

32 - Vêtements

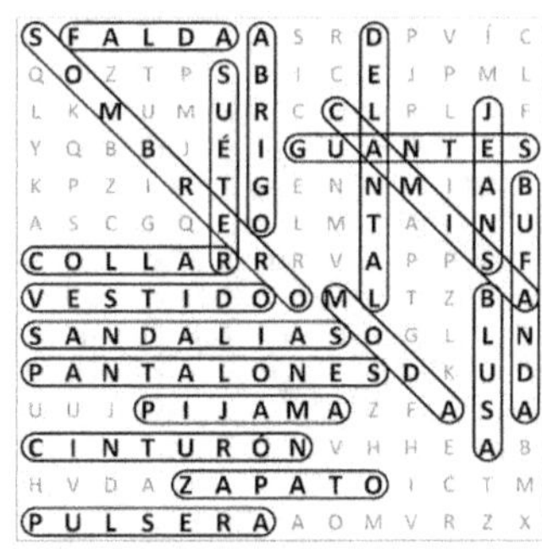

33 - Arts Visuels

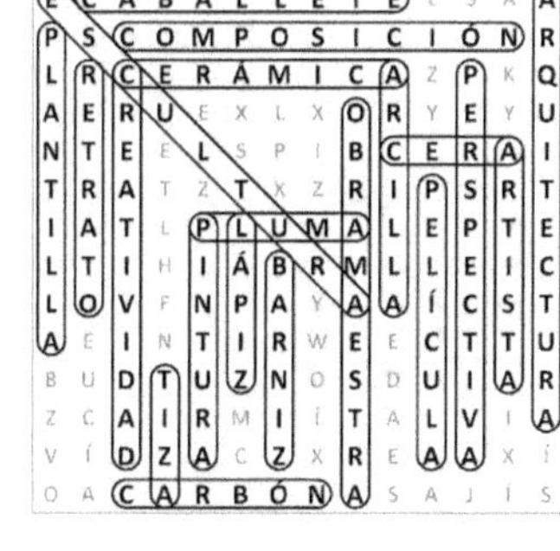

34 - Méditation

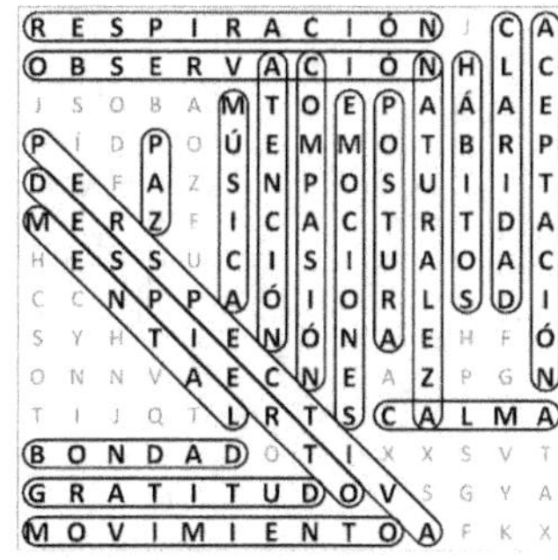

35 - Littérature

36 - Nourriture #1

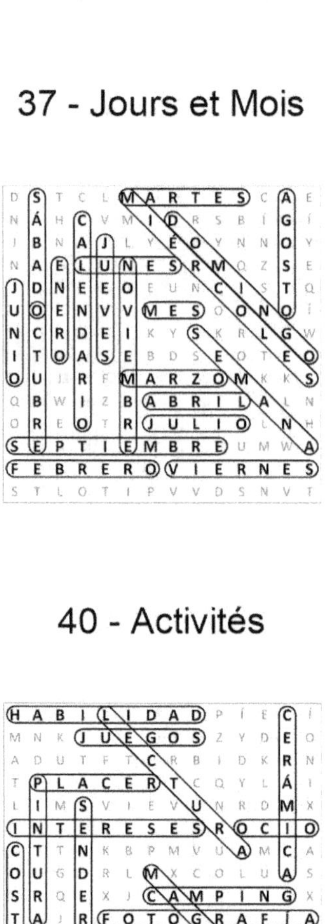

37 - Jours et Mois	38 - Championnat	39 - Pirates

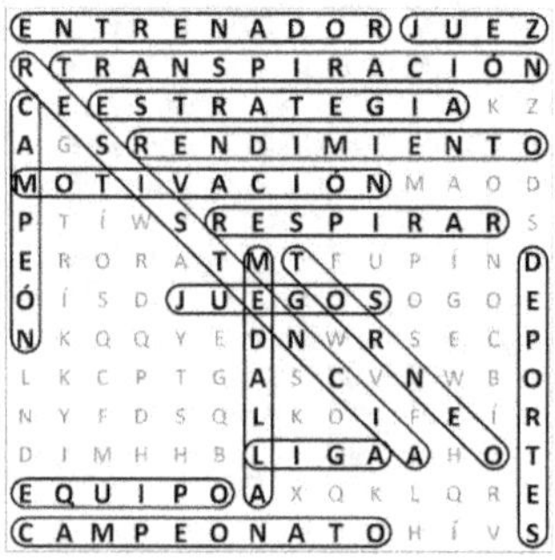

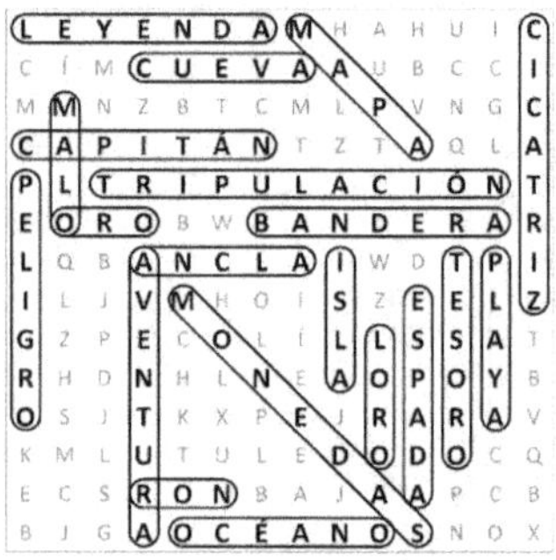

40 - Activités	41 - Fleurs	42 - Nourriture #2

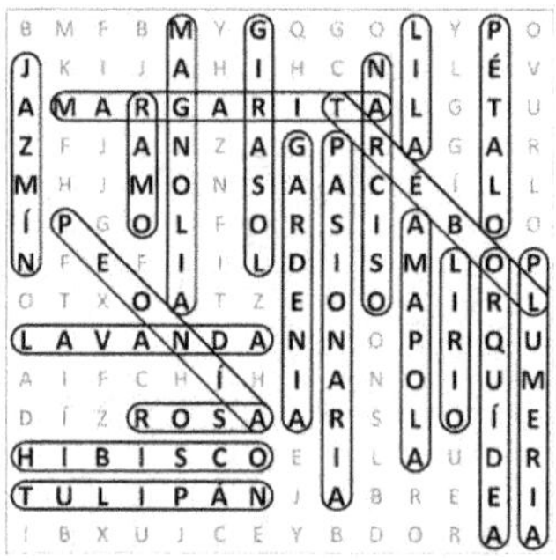

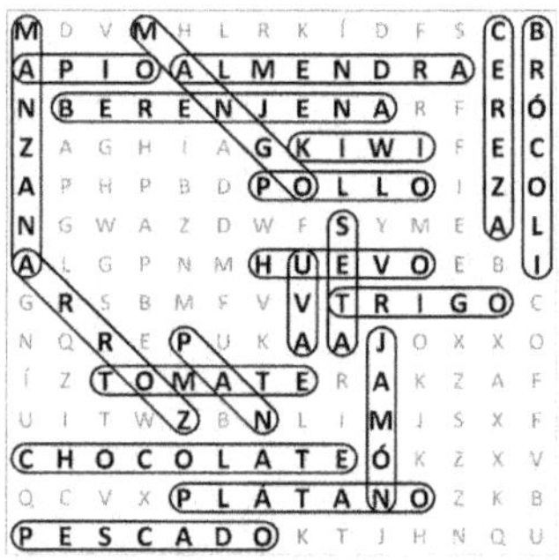

43 - Océan	44 - Remplir	45 - Ballet

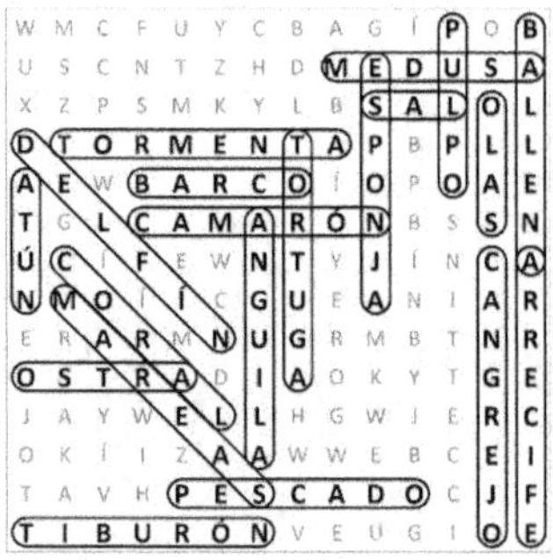

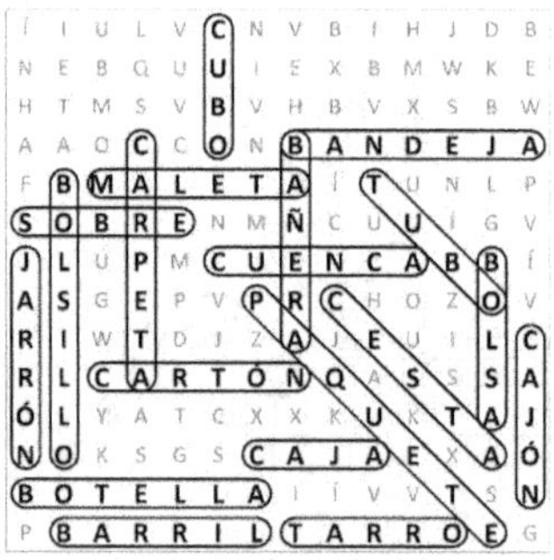

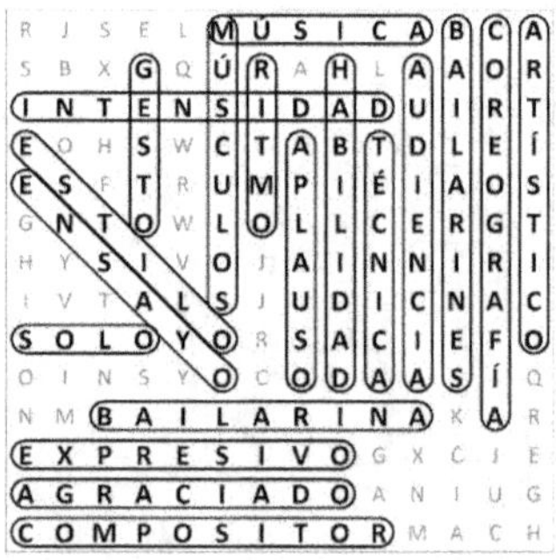

46 - Fruit	47 - Surf	48 - Technologie

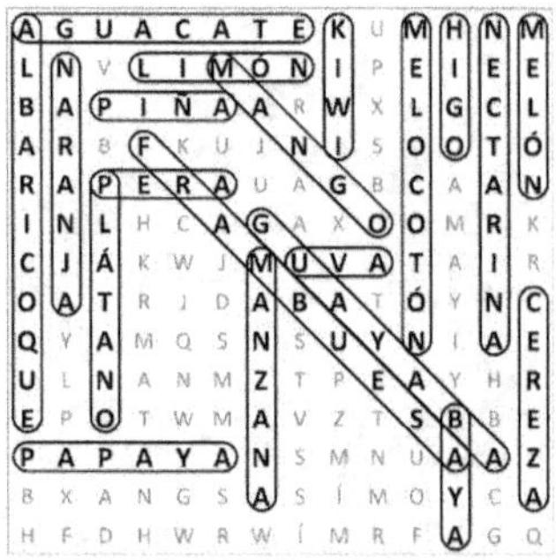

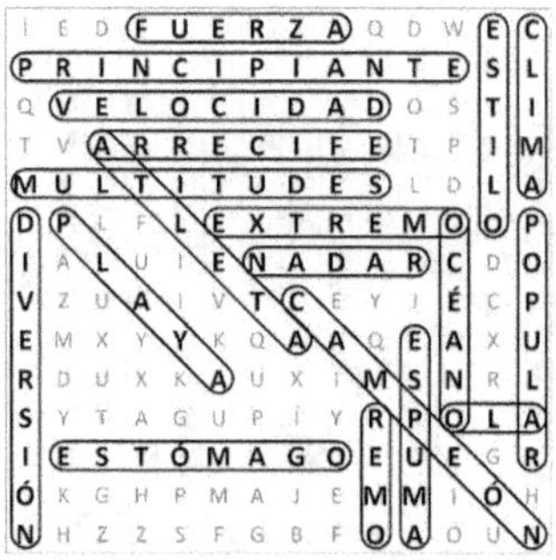

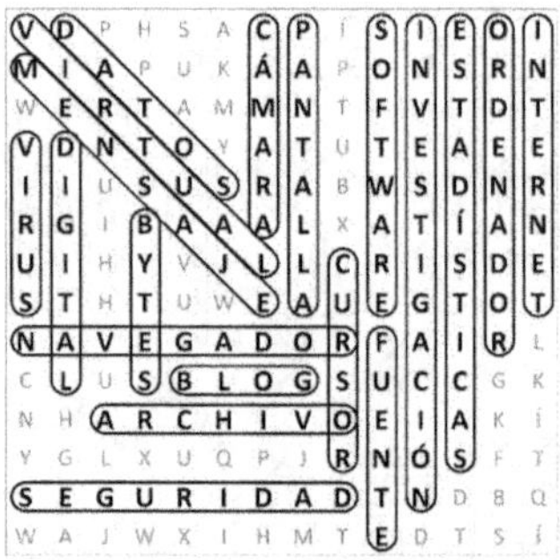

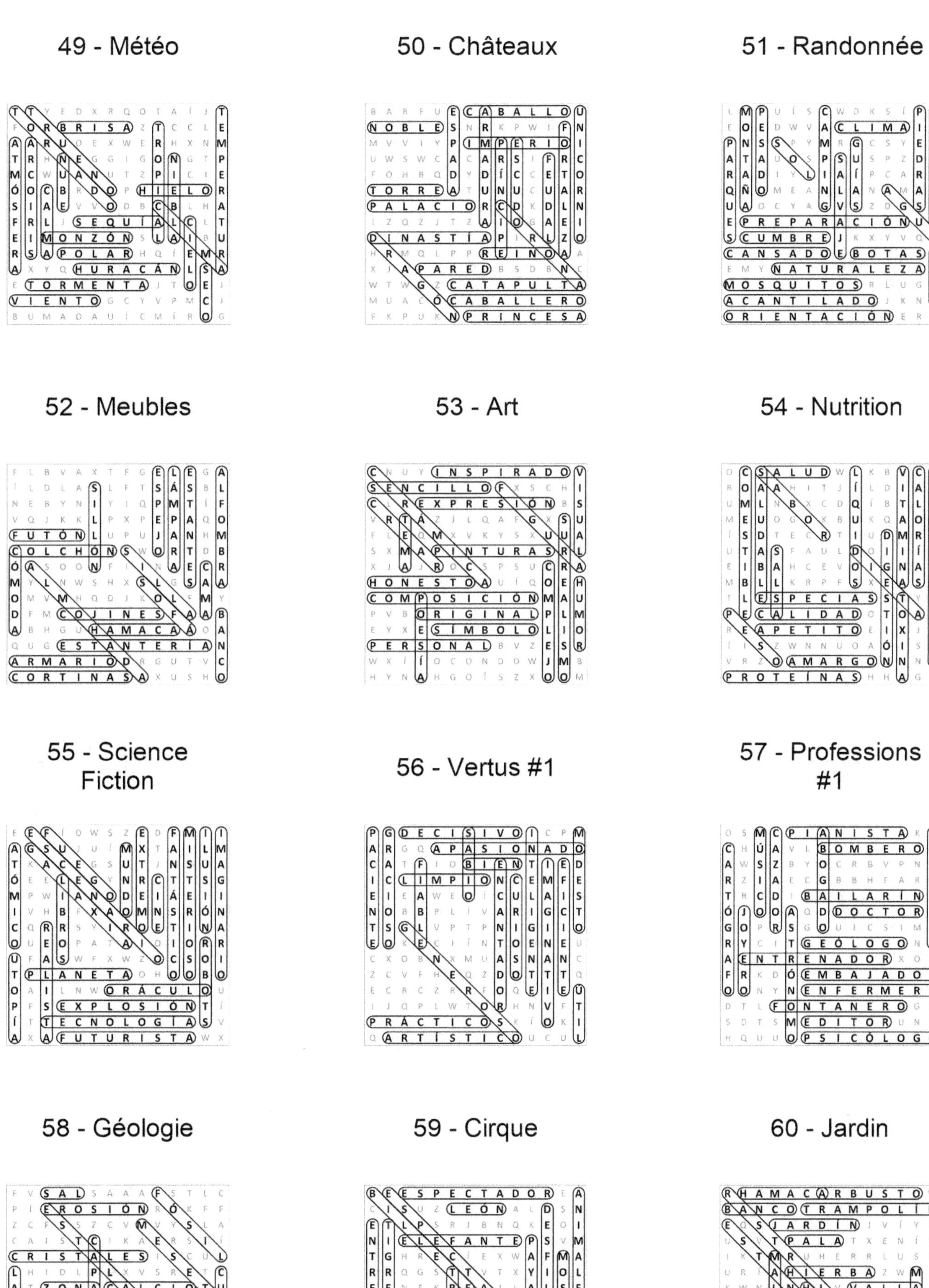

49 - Météo

50 - Châteaux

51 - Randonnée

52 - Meubles

53 - Art

54 - Nutrition

55 - Science Fiction

56 - Vertus #1

57 - Professions #1

58 - Géologie

59 - Cirque

60 - Jardin

61 - Barbecues

62 - Anniversaire

63 - Animaux de Compagnie

64 - Forêt Tropicale

65 - Insectes

66 - Ferme #1

67 - Escalade

68 - École #2

69 - Antarctique

70 - Professions #2

71 - Les Abeilles

72 - Dinosaures

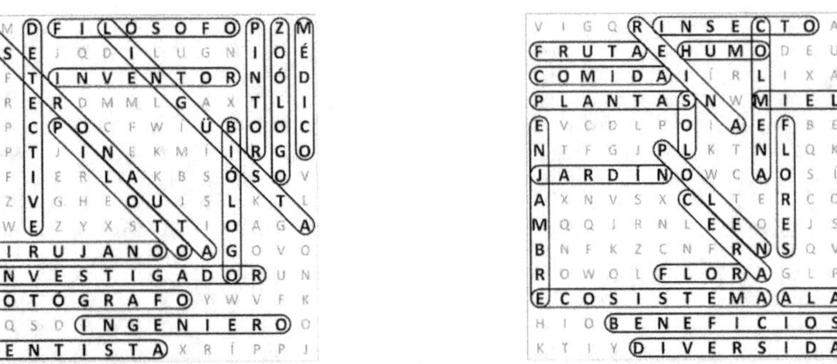
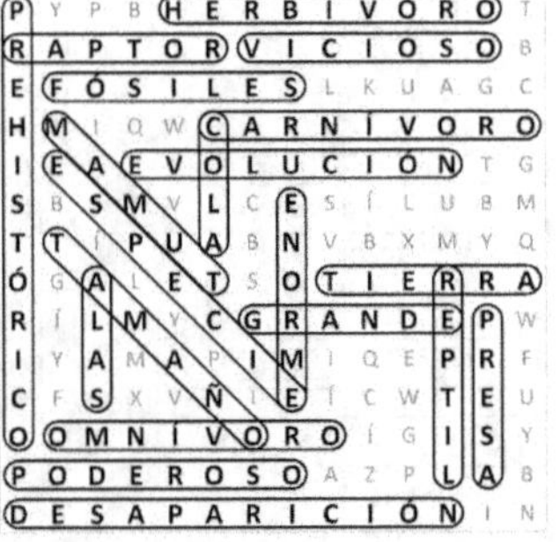

73 - Conduite

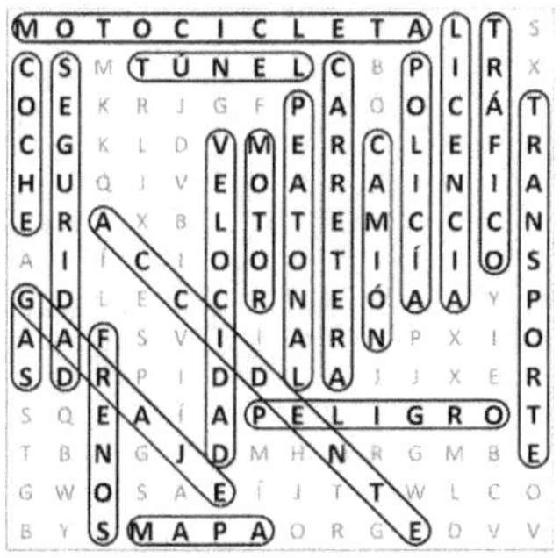

74 - Plantes

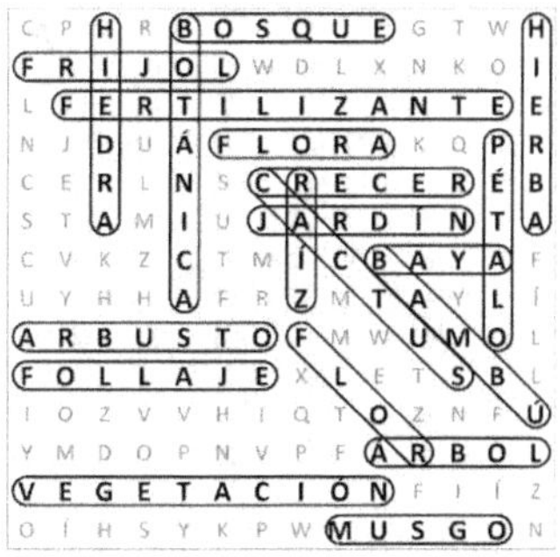

75 - Ferme #2

76 - École #1

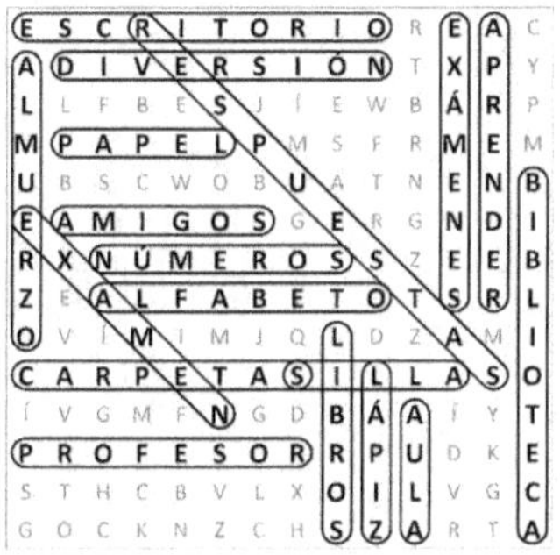

77 - Vacances #2

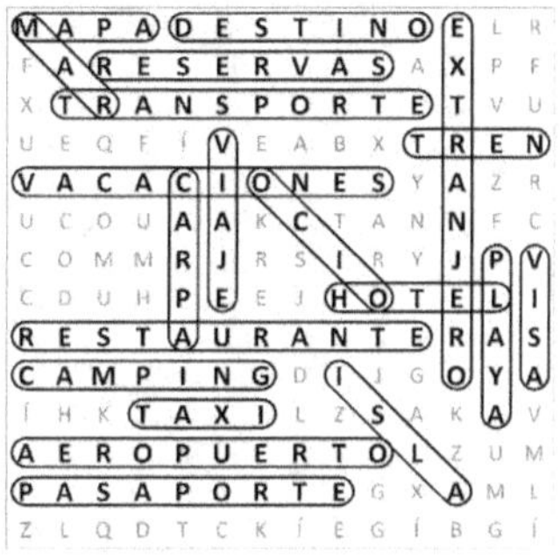

78 - Outils

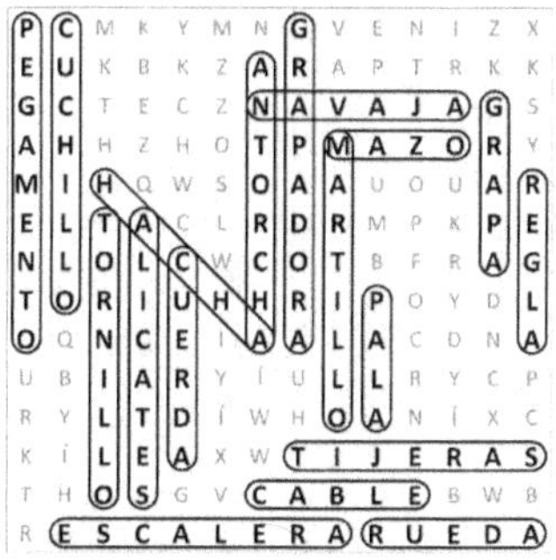

79 - Temps

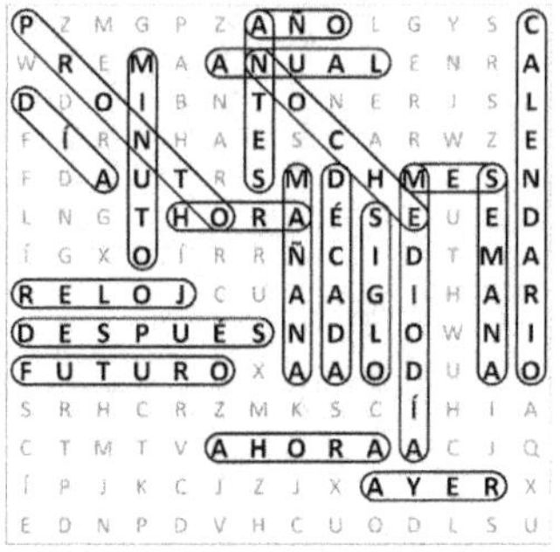

80 - Maison

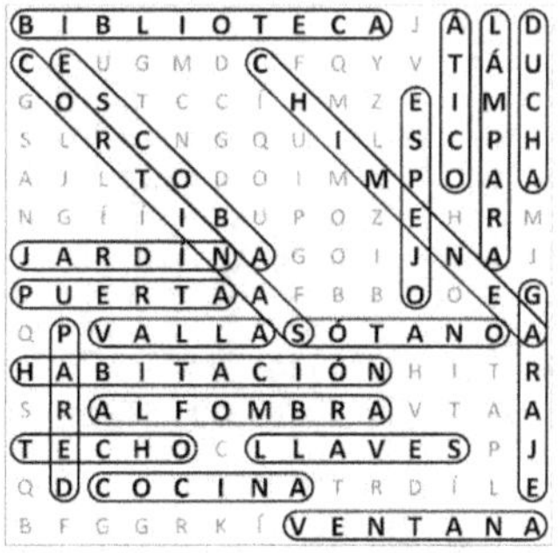

81 - Légumes

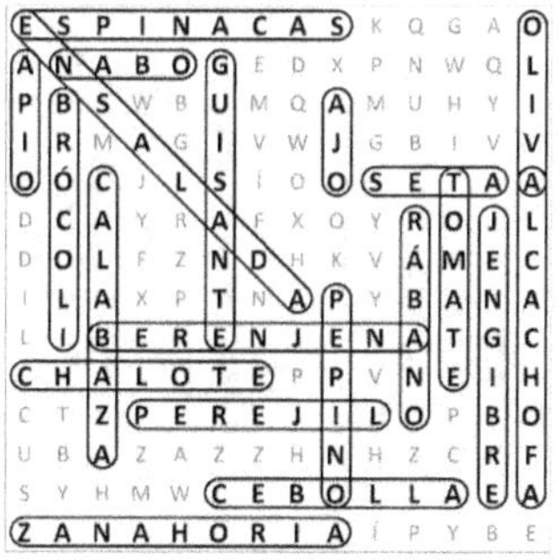

82 - Famille

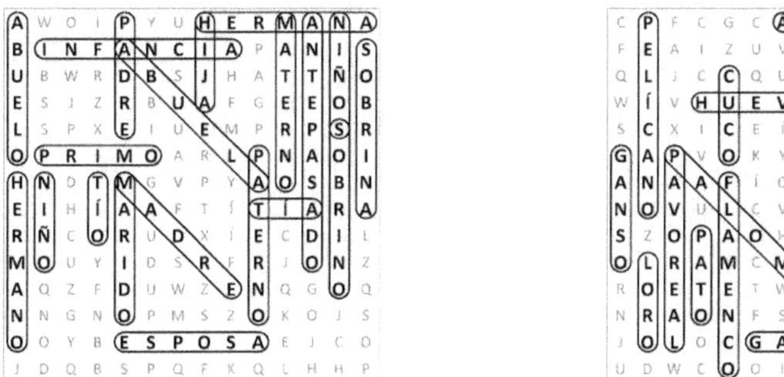

83 - Oiseaux

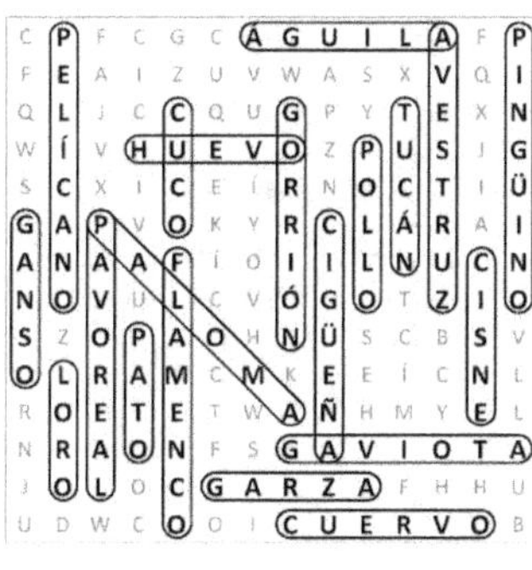

84 - Disciplines Scientifiques

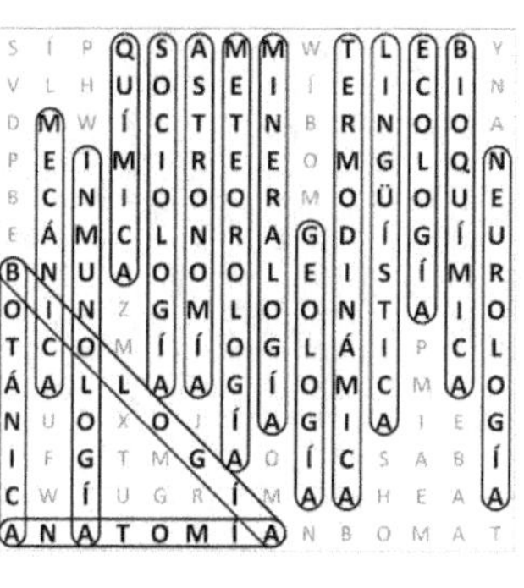

85 - Émotions

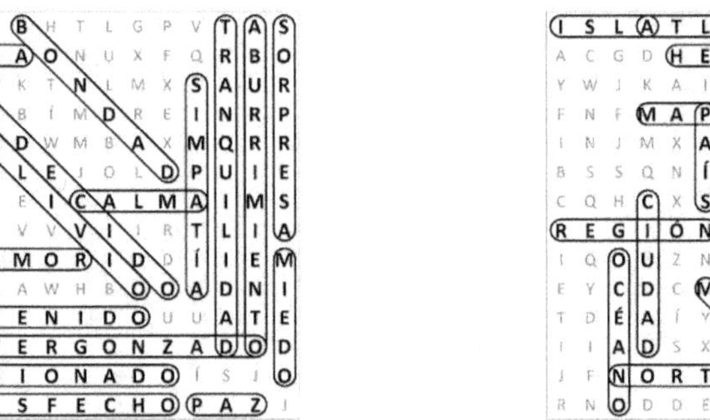

86 - Géographie

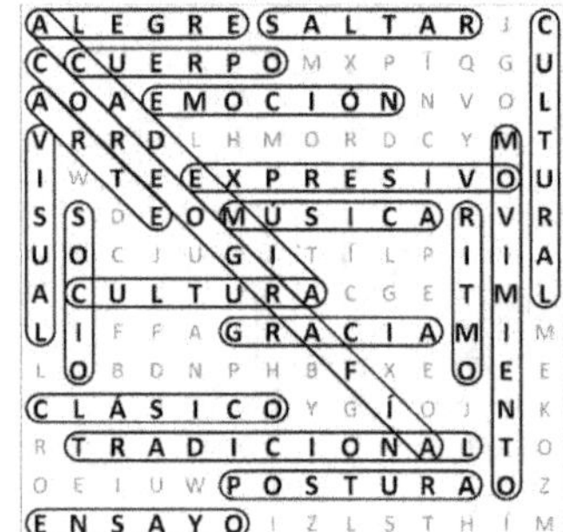

87 - Danse

88 - Bâtiments

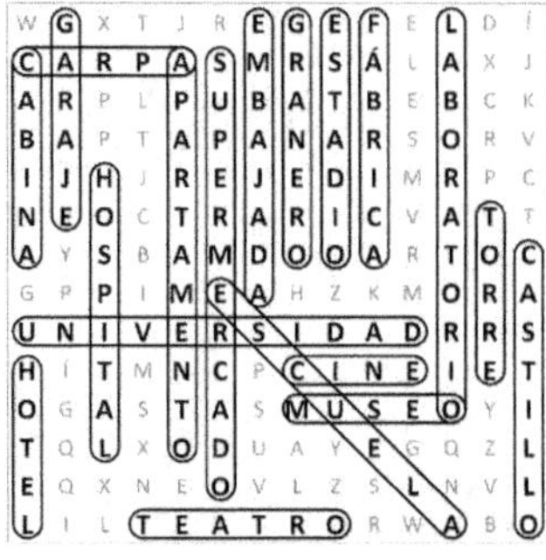

89 - Pêche

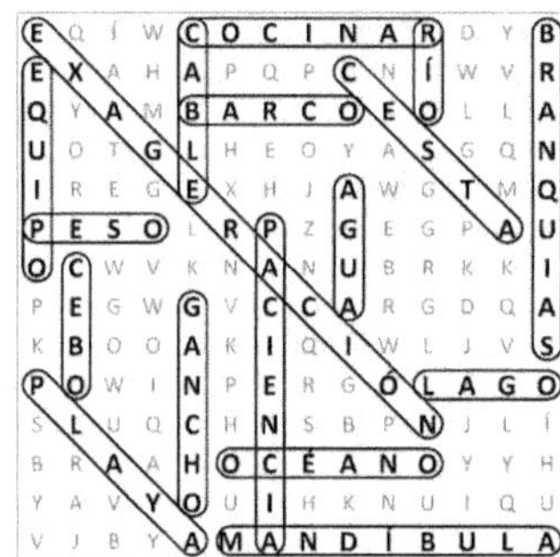

90 - Activités et Loisirs

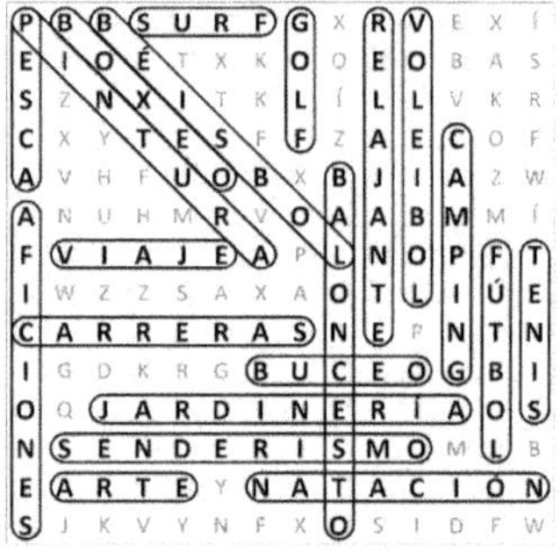

91 - Livres

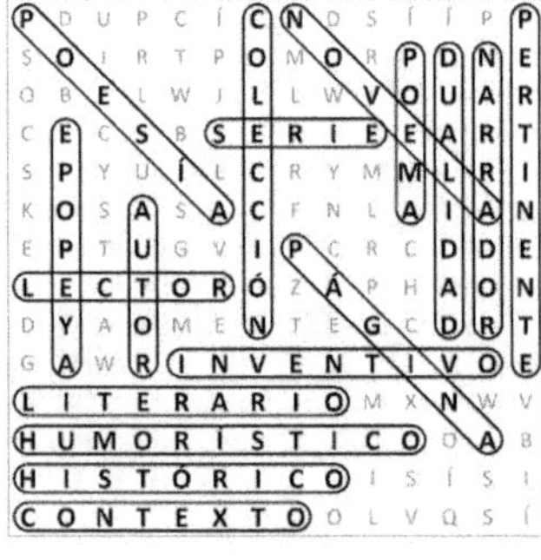

92 - Pays #2

93 - Fournitures d'Art

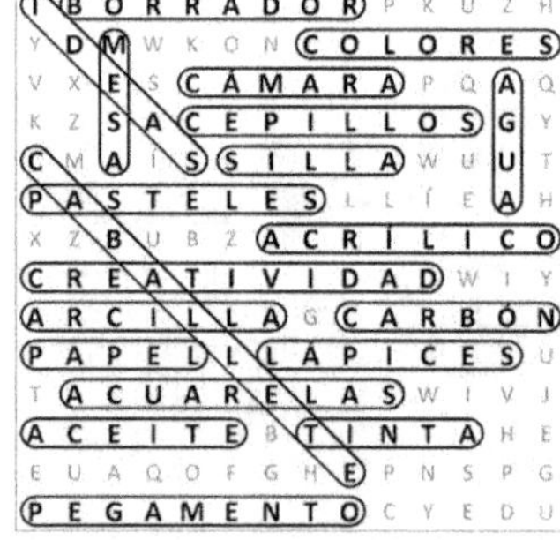

94 - Jouets

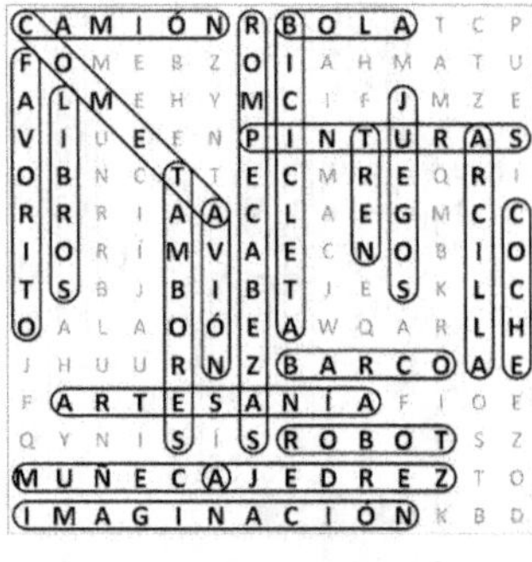

95 - Eau

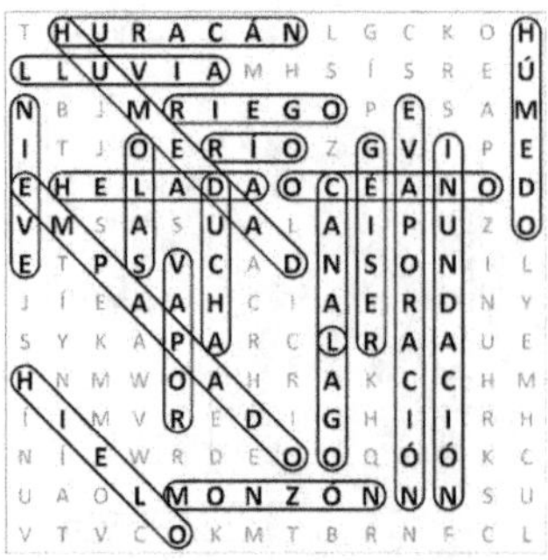

96 - Paysages

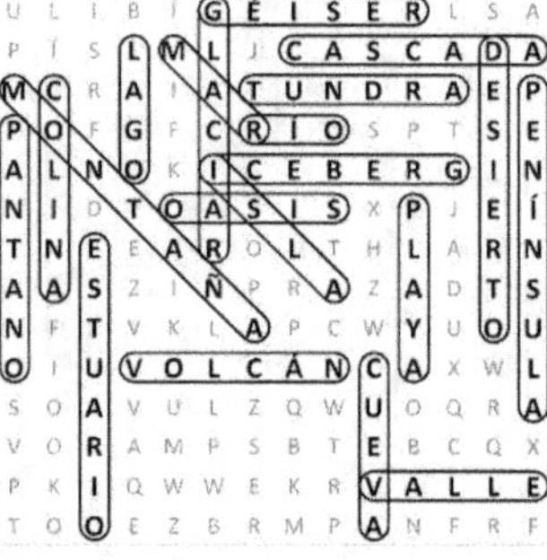

97 - Nombres

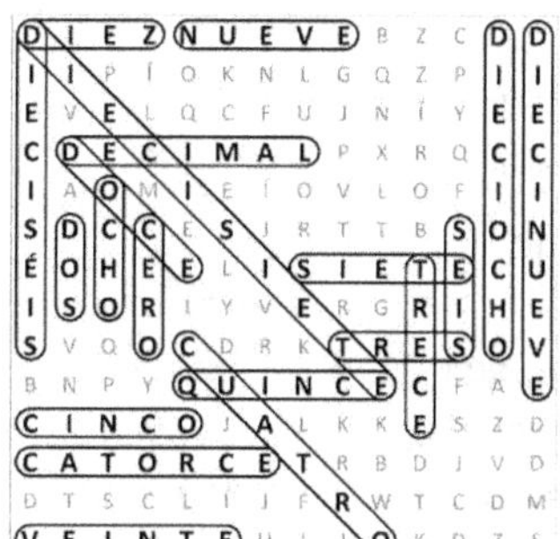

98 - Nature

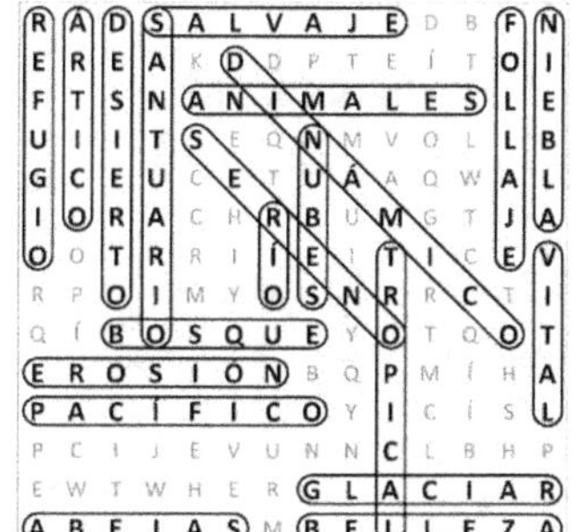

99 - Bateaux

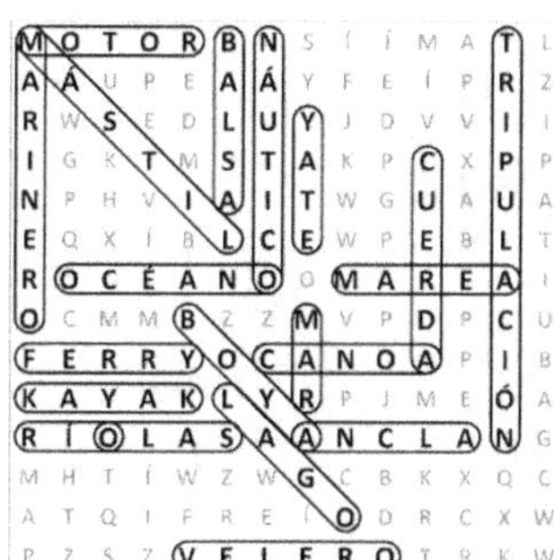

100 - Mesures

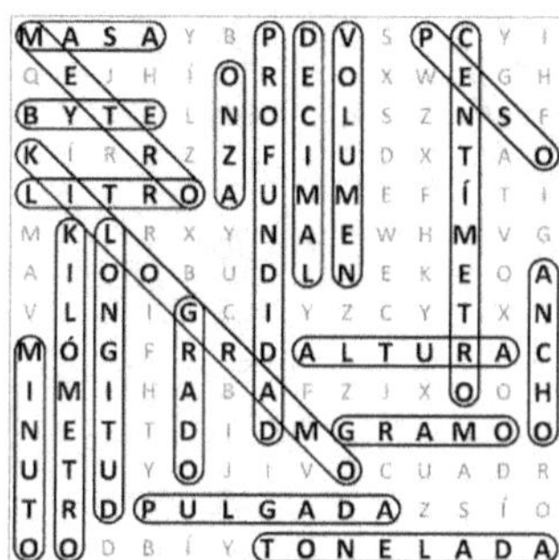

Dictionnaire

Activités
Actividades

Activité	Actividad
Art	Arte
Artisanat	Artesanía
Camping	Camping
Céramique	Cerámica
Chasse	Caza
Compétence	Habilidad
Couture	Costura
Intérêts	Intereses
Jardinage	Jardinería
Jeux	Juegos
Lecture	Lectura
Loisir	Ocio
Magie	Magia
Peinture	Pintura
Pêche	Pesca
Photographie	Fotografía
Plaisir	Placer
Randonnée	Senderismo
Relaxation	Relajación

Activités et Loisirs
Actividades y Ocio

Art	Arte
Base-Ball	Béisbol
Basket-Ball	Baloncesto
Boxe	Boxeo
Camping	Camping
Course	Carreras
Football	Fútbol
Golf	Golf
Jardinage	Jardinería
Nager	Natación
Passe-Temps	Aficiones
Peinture	Pintura
Pêche	Pesca
Plongée	Buceo
Randonnée	Senderismo
Relaxant	Relajante
Surf	Surf
Tennis	Tenis
Volley-Ball	Voleibol
Voyage	Viaje

Adjectifs #1
Adjetivos #1

Absolu	Absoluto
Actif	Activo
Ambitieux	Ambicioso
Aromatique	Aromático
Artistique	Artístico
Attractif	Atractivo
Beau	Hermosa
Exotique	Exótico
Énorme	Enorme
Généreux	Generoso
Honnête	Honesto
Identique	Idéntico
Important	Importante
Innocent	Inocente
Jeune	Joven
Lent	Lento
Lourd	Pesado
Mince	Delgada
Moderne	Moderno
Parfait	Perfecto

Adjectifs #2
Adjetivos #2

Authentique	Auténtico
Célèbre	Famoso
Créatif	Creativo
Descriptif	Descriptivo
Doué	Dotado
Dramatique	Dramático
Élégant	Elegante
Fier	Orgulloso
Fort	Fuerte
Intéressant	Interesante
Naturel	Natural
Nouveau	Nuevo
Productif	Productivo
Puissant	Poderoso
Pur	Puro
Responsable	Responsable
Sain	Saludable
Salé	Salado
Sauvage	Salvaje
Sec	Seco

Animaux de Compagnie
Mascotas

Chat	Gato
Chaton	Gatito
Chèvre	Cabra
Chien	Perro
Chiot	Cachorro
Collier	Collar
Eau	Agua
Griffes	Garras
Hamster	Hámster
Laisse	Correa
Lapin	Conejo
Lézard	Lagarto
Nourriture	Comida
Perroquet	Loro
Poisson	Pescado
Queue	Cola
Souris	Ratón
Tortue	Tortuga
Vache	Vaca
Vétérinaire	Veterinario

Anniversaire
Cumpleaños

Amis	Amigos
Amusement	Diversión
Année	Año
Apprendre	Aprender
Bougies	Velas
Cadeau	Regalo
Calendrier	Calendario
Cartes	Tarjetas
Chanson	Canción
Fête	Celebración
Gâteau	Pastel
Heureux	Feliz
Invitations	Invitaciones
Jeune	Joven
Jour	Día
Joyeux	Alegre
Né	Nacer
Sagesse	Sabiduría
Spécial	Especial
Temps	Tiempo

Antarctique
Antártida

Baie	Bahía
Baleines	Ballenas
Chercheur	Investigador
Conservation	Conservación
Continent	Continente
Eau	Agua
Expédition	Expedición
Géographie	Geografía
Glace	Hielo
Glaciers	Glaciares
Îles	Islas
Migration	Migración
Minéraux	Minerales
Nuage	Nubes
Oiseaux	Pájaros
Péninsule	Península
Rocheux	Rocoso
Scientifique	Científico
Température	Temperatura
Topographie	Topografía

Art
Arte

Céramique	Cerámica
Complexe	Complejo
Composition	Composición
Créer	Crear
Dépeindre	Retratar
Expression	Expresión
Figure	Figura
Honnête	Honesto
Humeur	Humor
Inspiré	Inspirado
Original	Original
Peintures	Pinturas
Personnel	Personal
Poésie	Poesía
Sculpture	Escultura
Simple	Sencillo
Sujet	Tema
Surréalisme	Surrealismo
Symbole	Símbolo
Visuel	Visual

Arts Visuels
Artes Visuales

Architecture	Arquitectura
Argile	Arcilla
Artiste	Artista
Céramique	Cerámica
Charbon	Carbón
Chef-D'Œuvre	Obra Maestra
Chevalet	Caballete
Cire	Cera
Composition	Composición
Craie	Tiza
Crayon	Lápiz
Créativité	Creatividad
Film	Película
Peinture	Pintura
Perspective	Perspectiva
Pochoir	Plantilla
Portrait	Retrato
Sculpture	Escultura
Stylo	Pluma
Vernis	Barniz

Astronomie
Astronomía

Astéroïde	Asteroide
Astronaute	Astronauta
Astronome	Astrónomo
Ciel	Cielo
Constellation	Constelación
Cosmos	Cosmos
Éclipse	Eclipse
Équinoxe	Equinoccio
Fusée	Cohete
Galaxie	Galaxia
Lune	Luna
Météore	Meteoro
Nébuleuse	Nebulosa
Observatoire	Observatorio
Planète	Planeta
Radiation	Radiación
Solaire	Solar
Supernova	Supernova
Terre	Tierra
Univers	Universo

Aventure
Aventura

Activité	Actividad
Amis	Amigos
Beauté	Belleza
Bravoure	Valentía
Chance	Oportunidad
Dangereux	Peligroso
Destination	Destino
Difficulté	Dificultad
Enthousiasme	Entusiasmo
Excursion	Excursión
Inhabituel	Inusual
Itinéraire	Itinerario
Joie	Alegría
Nature	Naturaleza
Navigation	Navegación
Nouveau	Nuevo
Préparation	Preparación
Sécurité	Seguridad
Surprenant	Sorprendente
Voyages	Viajes

Avions
Aviones

Air	Aire
Altitude	Altitud
Atmosphère	Atmósfera
Atterrissage	Aterrizaje
Aventure	Aventura
Ballon	Globo
Carburant	Combustible
Ciel	Cielo
Construction	Construcción
Descente	Descenso
Direction	Dirección
Équipage	Tripulación
Gonfler	Inflar
Hauteur	Altura
Histoire	Historia
Hydrogène	Hidrógeno
Moteur	Motor
Passager	Pasajero
Pilote	Piloto
Turbulence	Turbulencia

Ballet
Ballet

Applaudissement	Aplauso
Artistique	Artístico
Ballerine	Bailarina
Chorégraphie	Coreografía
Compétence	Habilidad
Compositeur	Compositor
Danseurs	Bailarines
Expressif	Expresivo
Geste	Gesto
Gracieux	Agraciado
Intensité	Intensidad
Muscles	Músculos
Musique	Música
Orchestre	Orquesta
Public	Audiencia
Répétition	Ensayo
Rythme	Ritmo
Solo	Solo
Style	Estilo
Technique	Técnica

Barbecues
Barbacoas

Chaud	Caliente
Couteaux	Cuchillos
Déjeuner	Almuerzo
Dîner	Cena
Enfants	Niños
Été	Verano
Faim	Hambre
Famille	Familia
Fruit	Fruta
Gril	Parrilla
Jeux	Juegos
Légumes	Verduras
Musique	Música
Oignons	Cebollas
Poivre	Pimienta
Poulet	Pollo
Salades	Ensaladas
Sauce	Salsa
Sel	Sal
Tomates	Tomates

Bateaux
Barcos

Ancre	Ancla
Bouée	Boya
Canoë	Canoa
Corde	Cuerda
Équipage	Tripulación
Ferry	Ferry
Fleuve	Río
Kayak	Kayak
Lac	Lago
Marée	Marea
Marin	Marinero
Mât	Mástil
Mer	Mar
Moteur	Motor
Nautique	Náutico
Océan	Océano
Radeau	Balsa
Vagues	Olas
Voilier	Velero
Yacht	Yate

Bâtiments
Edificios

Ambassade	Embajada
Appartement	Apartamento
Cabine	Cabina
Château	Castillo
Cinéma	Cine
École	Escuela
Garage	Garaje
Grange	Granero
Hôpital	Hospital
Hôtel	Hotel
Laboratoire	Laboratorio
Musée	Museo
Observatoire	Observatorio
Stade	Estadio
Supermarché	Supermercado
Tente	Carpa
Théâtre	Teatro
Tour	Torre
Université	Universidad
Usine	Fábrica

Camping
Camping

Animaux	Animales
Aventure	Aventura
Boussole	Brújula
Cabine	Cabina
Canoë	Canoa
Carte	Mapa
Chapeau	Sombrero
Chasse	Caza
Corde	Cuerda
Équipement	Equipo
Feu	Fuego
Forêt	Bosque
Hamac	Hamaca
Insecte	Insecto
Lac	Lago
Lanterne	Linterna
Lune	Luna
Montagne	Montaña
Nature	Naturaleza
Tente	Carpa

Championnat
Campeonato

Champion	Campeón
Championnat	Campeonato
Endurance	Resistencia
Entraîneur	Entrenador
Équipe	Equipo
Finaliste	Finalista
Jeux	Juegos
Juge	Juez
Ligue	Liga
Médaille	Medalla
Motivation	Motivación
Performance	Rendimiento
Respirer	Respirar
Sports	Deportes
Stratégie	Estrategia
Tournoi	Torneo
Transpiration	Transpiración
Victoire	Victoria

Chats
Gatos

Affectueux	Afectuoso
Chasseur	Cazador
Curieux	Curioso
Dormir	Dormir
Drôle	Gracioso
Espiègle	Juguetón
Fil	Hilo
Fou	Loco
Fourrure	Piel
Griffe	Garra
Indépendant	Independiente
Patte	Pata
Personnalité	Personalidad
Peu	Poco
Queue	Cola
Rapide	Rápido
Sauvage	Salvaje
Souris	Ratón
Timide	Tímido

Châteaux
Castillos

Armure	Armadura
Bouclier	Escudo
Catapulte	Catapulta
Cheval	Caballo
Chevalier	Caballero
Couronne	Corona
Dragon	Dragón
Dynastie	Dinastía
Empire	Imperio
Épée	Espada
Féodal	Feudal
Forteresse	Fortaleza
Licorne	Unicornio
Mur	Pared
Noble	Noble
Palais	Palacio
Prince	Príncipe
Princesse	Princesa
Royaume	Reino
Tour	Torre

Chocolat
Chocolate

Amer	Amargo
Antioxydant	Antioxidante
Arôme	Aroma
Artisanal	Artesanal
Cacahuètes	Cacahuetes
Cacao	Cacao
Calories	Calorías
Caramel	Caramelo
Délicieux	Delicioso
Doux	Dulce
Exotique	Exótico
Favori	Favorito
Goût	Gusto
Ingrédient	Ingrediente
Noix de Coco	Coco
Poudre	Polvo
Qualité	Calidad
Recette	Receta
Saveur	Sabor
Sucre	Azúcar

Cirque
Circo

Acrobate	Acróbata
Animaux	Animales
Ballons	Globos
Billet	Billete
Clown	Payaso
Costume	Traje
Divertir	Entretener
Éléphant	Elefante
Jongleur	Malabarista
Lion	León
Magicien	Mago
Magie	Magia
Montrer	Mostrar
Musique	Música
Parade	Desfile
Singe	Mono
Spectaculaire	Espectacular
Spectateur	Espectador
Tente	Carpa
Tigre	Tigre

Conduite
Conduciendo

Accident	Accidente
Camion	Camión
Carburant	Combustible
Carte	Mapa
Danger	Peligro
Freins	Frenos
Garage	Garaje
Gaz	Gas
Licence	Licencia
Moteur	Motor
Moto	Motocicleta
Piéton	Peatonal
Police	Policía
Route	Carretera
Sécurité	Seguridad
Trafic	Tráfico
Transport	Transporte
Tunnel	Túnel
Vitesse	Velocidad
Voiture	Coche

Conservation
Conservación

Bénévole	Voluntario
Changements	Cambios
Climat	Clima
Cycle	Ciclo
Durable	Sostenible
Eau	Agua
Environnemental	Ambiental
Écosystème	Ecosistema
Éducation	Educación
Habitat	Hábitat
Naturel	Natural
Organique	Orgánico
Pesticide	Pesticida
Pollution	Contaminación
Recycler	Reciclar
Réduire	Reducir
Santé	Salud
Vert	Verde

Corps Humain
Cuerpo Humano

Bouche	Boca
Cerveau	Cerebro
Cheville	Tobillo
Cou	Cuello
Coude	Codo
Cœur	Corazón
Doigt	Dedo
Estomac	Estómago
Épaule	Hombro
Genou	Rodilla
Lèvres	Labios
Main	Mano
Mâchoire	Mandíbula
Menton	Barbilla
Nez	Nariz
Oreille	Oreja
Peau	Piel
Sang	Sangre
Tête	Cabeza
Visage	Cara

Couleurs
Colores

Azur	Azur
Beige	Beige
Blanc	Blanco
Bleu	Azul
Cramoisi	Carmesí
Cyan	Cian
Fuchsia	Fucsia
Gris	Gris
Indigo	Índigo
Jaune	Amarillo
Magenta	Magenta
Marron	Marrón
Noir	Negro
Orange	Naranja
Rose	Rosa
Rouge	Rojo
Sépia	Sepia
Vert	Verde
Violet	Púrpura

Cuisine
Cocina

Baguettes	Palillos
Bol	Tazón
Bouilloire	Caldera
Congélateur	Congelador
Couteaux	Cuchillos
Cruche	Jarra
Cuillères	Cucharas
Épices	Especias
Éponge	Esponja
Four	Horno
Fourchettes	Tenedores
Gril	Parrilla
Louche	Cucharón
Nourriture	Comida
Pot	Tarro
Recette	Receta
Réfrigérateur	Refrigerador
Serviette	Servilleta
Tablier	Delantal
Tasses	Tazas

Danse
Baile

Académie	Academia
Art	Arte
Chorégraphie	Coreografía
Classique	Clásico
Corps	Cuerpo
Culture	Cultura
Culturel	Cultural
Expressif	Expresivo
Émotion	Emoción
Grâce	Gracia
Joyeux	Alegre
Mouvement	Movimiento
Musique	Música
Partenaire	Socio
Posture	Postura
Répétition	Ensayo
Rythme	Ritmo
Saut	Saltar
Traditionnel	Tradicional
Visuel	Visual

Dinosaures
Dinosaurios

Ailes	Alas
Carnivore	Carnívoro
Disparition	Desaparición
Espèce	Especie
Énorme	Enorme
Évolution	Evolución
Fossiles	Fósiles
Grand	Grande
Herbivore	Herbívoro
Mammouth	Mamut
Omnivore	Omnívoro
Préhistorique	Prehistórico
Proie	Presa
Puissant	Poderoso
Queue	Cola
Rapace	Raptor
Reptile	Reptil
Taille	Tamaño
Terre	Tierra
Vicieux	Vicioso

Disciplines Scientifiques
Disciplinas Científicas

Anatomie	Anatomía
Archéologie	Arqueología
Astronomie	Astronomía
Biochimie	Bioquímica
Biologie	Biología
Botanique	Botánica
Chimie	Química
Écologie	Ecología
Géologie	Geología
Immunologie	Inmunología
Linguistique	Lingüística
Mécanique	Mecánica
Météorologie	Meteorología
Minéralogie	Mineralogía
Neurologie	Neurología
Physiologie	Fisiología
Psychologie	Psicología
Sociologie	Sociología
Thermodynamique	Termodinámica
Zoologie	Zoología

Eau
Agua

Canal	Canal
Douche	Ducha
Évaporation	Evaporación
Fleuve	Río
Gel	Helada
Geyser	Géiser
Glace	Hielo
Humide	Húmedo
Humidité	Humedad
Inondation	Inundación
Irrigation	Riego
Lac	Lago
Mousson	Monzón
Neige	Nieve
Océan	Océano
Ouragan	Huracán
Pluie	Lluvia
Trempé	Empapado
Vagues	Olas
Vapeur	Vapor

Escalade
Escalada

Altitude	Altitud
Atmosphère	Atmósfera
Blessure	Lesión
Bottes	Botas
Carte	Mapa
Casque	Casco
Curiosité	Curiosidad
Expert	Experto
Étroit	Estrecho
Force	Fuerza
Formation	Formación
Gants	Guantes
Grotte	Cueva
Guides	Guías
Physique	Físico
Randonnée	Senderismo
Stabilité	Estabilidad
Terrain	Terreno

Exploration
Exploración

Activité	Actividad
Animaux	Animales
Apprendre	Aprender
Courage	Coraje
Cultures	Culturas
Détermination	Determinación
Espace	Espacio
Excitation	Emoción
Épuisement	Agotamiento
Inconnu	Desconocido
Langue	Idioma
Lointain	Distante
Nouveau	Nuevo
Périlleux	Peligroso
Quête	Búsqueda
Sauvage	Salvaje
Terrain	Terreno
Voyage	Viaje

Échecs
Ajedrez

Adversaire	Oponente
Apprendre	Aprender
Blanc	Blanco
Champion	Campeón
Concours	Concurso
Diagonal	Diagonal
Intelligent	Inteligente
Jeu	Juego
Joueur	Jugador
Noir	Negro
Passif	Pasivo
Points	Puntos
Reine	Reina
Règles	Reglas
Roi	Rey
Sacrifice	Sacrificio
Stratégie	Estrategia
Temps	Tiempo
Tournoi	Torneo

École #1
Escuela #1

Alphabet	Alfabeto
Amis	Amigos
Amusement	Diversión
Apprendre	Aprender
Bibliothèque	Biblioteca
Bureau	Escritorio
Chaise	Silla
Crayon	Lápiz
Déjeuner	Almuerzo
Dossiers	Carpetas
Enseignant	Profesor
Examens	Exámenes
Livres	Libros
Marqueurs	Marcadores
Math	Matemática
Nombres	Números
Papier	Papel
Quiz	Examen
Réponses	Respuestas
Salle de Classe	Aula

École #2
Escuela #2

Activités	Actividades
Apprentissage	Aprendizaje
Bibliothèque	Biblioteca
Bus	Autobús
Calendrier	Calendario
Ciseaux	Tijeras
Crayon	Lápiz
Devoirs	Deberes
Dictionnaire	Diccionario
Enseignant	Profesor
Écriture	Escritura
Éducation	Educación
Grammaire	Gramática
Jeux	Juegos
Lecture	Lectura
Littérature	Literatura
Livres	Libros
Ordinateur	Ordenador
Papier	Papel
Science	Ciencia

Écologie
Ecología

Bénévoles	Voluntarios
Climat	Clima
Communautés	Comunidades
Diversité	Diversidad
Durable	Sostenible
Espèce	Especie
Faune	Fauna
Flore	Flora
Habitat	Hábitat
Marais	Pantano
Marin	Marino
Montagnes	Montañas
Nature	Naturaleza
Naturel	Natural
Plantes	Plantas
Ressources	Recursos
Sécheresse	Sequía
Survie	Supervivencia
Variété	Variedad
Végétation	Vegetación

Émotions
Emociones

Amour	Amor
Calme	Calma
Colère	Ira
Contenu	Contenido
Détendu	Relajado
Embarrassé	Avergonzado
Ennui	Aburrimiento
Excité	Emocionado
Gentillesse	Bondad
Joie	Alegría
Paix	Paz
Peur	Miedo
Reconnaissant	Agradecido
Relief	Alivio
Satisfait	Satisfecho
Surprise	Sorpresa
Sympathie	Simpatía
Tendresse	Ternura
Tranquillité	Tranquilidad
Tristesse	Tristeza

Épices
Especias

Aigre	Agrio
Ail	Ajo
Amer	Amargo
Anis	Anís
Cannelle	Canela
Cardamome	Cardamomo
Coriandre	Cilantro
Cumin	Comino
Curry	Curry
Fenouil	Hinojo
Gingembre	Jengibre
Muscade	Nuez Moscada
Oignon	Cebolla
Paprika	Pimentón
Poivre	Pimienta
Réglisse	Regaliz
Safran	Azafrán
Saveur	Sabor
Sel	Sal
Vanille	Vainilla

Été
Verano

Amis	Amigos
Camping	Camping
Étoiles	Estrellas
Famille	Familia
Jardin	Jardín
Jeux	Juegos
Joie	Alegría
Livres	Libros
Loisir	Ocio
Mer	Mar
Musique	Música
Nager	Nadar
Nourriture	Comida
Plage	Playa
Plongée	Buceo
Relaxation	Relajación
Sandales	Sandalias
Vacances	Vacaciones
Voyage	Viaje

Famille
Familia

Ancêtre	Antepasado
Cousin	Primo
Enfance	Infancia
Enfant	Niño
Enfants	Niños
Femme	Esposa
Fille	Hija
Frère	Hermano
Grand-Mère	Abuela
Grand-Père	Abuelo
Mari	Marido
Maternel	Materno
Mère	Madre
Neveu	Sobrino
Nièce	Sobrina
Oncle	Tío
Paternel	Paterno
Père	Padre
Soeur	Hermana
Tante	Tía

Ferme #1
Granja #1

Abeille	Abeja
Agriculture	Agricultura
Âne	Burro
Bison	Bisonte
Champ	Campo
Chat	Gato
Cheval	Caballo
Chèvre	Cabra
Chien	Perro
Clôture	Valla
Corbeau	Cuervo
Eau	Agua
Engrais	Fertilizante
Foin	Heno
Miel	Miel
Poulet	Pollo
Riz	Arroz
Troupeau	Rebaño
Vache	Vaca
Veau	Ternero

Ferme #2
Granja #2

Agneau	Cordero
Agriculteur	Agricultor
Animaux	Animales
Berger	Pastor
Blé	Trigo
Canard	Pato
Fruit	Fruta
Grange	Granero
Irrigation	Riego
Lait	Leche
Lama	Llama
Légume	Vegetal
Maïs	Maíz
Mouton	Oveja
Nourriture	Comida
Orge	Cebada
Pré	Prado
Ruche	Colmena
Tracteur	Tractor
Verger	Huerto

Fleurs
Flores

Bouquet	Ramo
Gardénia	Gardenia
Hibiscus	Hibisco
Jasmin	Jazmín
Jonquille	Narciso
Lavande	Lavanda
Lilas	Lila
Lys	Lirio
Magnolia	Magnolia
Marguerite	Margarita
Orchidée	Orquídea
Passiflore	Pasionaria
Pavot	Amapola
Pétale	Pétalo
Pivoine	Peonía
Plumeria	Plumeria
Rose	Rosa
Tournesol	Girasol
Trèfle	Trébol
Tulipe	Tulipán

Forêt Tropicale
Selva Tropical

Amphibiens	Anfibios
Botanique	Botánico
Climat	Clima
Communauté	Comunidad
Diversité	Diversidad
Espèce	Especie
Indigène	Indígena
Insectes	Insectos
Jungle	Selva
Mammifères	Mamíferos
Mousse	Musgo
Nature	Naturaleza
Nuage	Nubes
Oiseaux	Pájaros
Précieux	Valioso
Préservation	Preservación
Refuge	Refugio
Respect	Respeto
Restauration	Restauración
Survie	Supervivencia

Formes
Formas

Arc	Arco
Bords	Bordes
Carré	Cuadrado
Cercle	Círculo
Coin	Esquina
Courbe	Curva
Cône	Cono
Côté	Lado
Cube	Cubo
Cylindre	Cilindro
Ellipse	Elipse
Hyperbole	Hipérbola
Ligne	Línea
Ovale	Oval
Polygone	Polígono
Prisme	Prisma
Pyramide	Pirámide
Rectangle	Rectángulo
Sphère	Esfera
Triangle	Triángulo

Fournitures d'Art
Suministros de Arte

Acrylique	Acrílico
Aquarelles	Acuarelas
Argile	Arcilla
Brosses	Cepillos
Caméra	Cámara
Chaise	Silla
Charbon	Carbón
Chevalet	Caballete
Colle	Pegamento
Couleurs	Colores
Crayons	Lápices
Créativité	Creatividad
Eau	Agua
Encre	Tinta
Gomme	Borrador
Huile	Aceite
Idées	Ideas
Papier	Papel
Pastels	Pasteles
Table	Mesa

Fruit
Fruta

Abricot	Albaricoque
Ananas	Piña
Avocat	Aguacate
Baie	Baya
Banane	Plátano
Cerise	Cereza
Citron	Limón
Figue	Higo
Framboise	Frambuesa
Goyave	Guayaba
Kiwi	Kiwi
Mangue	Mango
Melon	Melón
Nectarine	Nectarina
Orange	Naranja
Papaye	Papaya
Pêche	Melocotón
Poire	Pera
Pomme	Manzana
Raisin	Uva

Gentillesse
Bondad

Affectueux	Afectuoso
Aimant	Amoroso
Amical	Amistoso
Attentif	Atento
Authentique	Genuino
Compatissant	Compasivo
Compréhension	Comprensión
Doux	Suave
Fiable	Fiable
Généreux	Generoso
Heureux	Feliz
Honnête	Honesto
Hospitalier	Hospitalario
Patient	Paciente
Respectueux	Respetuoso
Réceptif	Receptivo
Tolérant	Tolerante
Utile	Útil

Géographie
Geografía

Altitude	Altitud
Atlas	Atlas
Carte	Mapa
Continent	Continente
Fleuve	Río
Hémisphère	Hemisferio
Île	Isla
Latitude	Latitud
Mer	Mar
Méridien	Meridiano
Monde	Mundo
Montagne	Montaña
Nord	Norte
Océan	Océano
Ouest	Oeste
Pays	País
Région	Región
Sud	Sur
Territoire	Territorio
Ville	Ciudad

Géologie
Geología

Acide	Ácido
Calcium	Calcio
Caverne	Caverna
Continent	Continente
Corail	Coral
Couche	Capa
Cristaux	Cristales
Érosion	Erosión
Fondu	Fundido
Fossile	Fósil
Geyser	Géiser
Lave	Lava
Minéraux	Minerales
Pierre	Piedra
Plateau	Meseta
Quartz	Cuarzo
Sel	Sal
Stalactite	Estalactita
Volcan	Volcán
Zone	Zona

Herboristerie
Herboristería

Ail	Ajo
Aromatique	Aromático
Basilic	Albahaca
Bénéfique	Beneficioso
Culinaire	Culinario
Estragon	Estragón
Fenouil	Hinojo
Fleur	Flor
Ingrédient	Ingrediente
Jardin	Jardín
Lavande	Lavanda
Marjolaine	Mejorana
Menthe	Menta
Persil	Perejil
Qualité	Calidad
Romarin	Romero
Safran	Azafrán
Saveur	Sabor
Thym	Tomillo
Vert	Verde

Insectes
Insectos

Abeille	Abeja
Cafard	Cucaracha
Cigale	Cigarra
Coccinelle	Mariquita
Criquet	Langosta
Fourmi	Hormiga
Frelon	Avispón
Guêpe	Avispa
Larve	Larva
Libellule	Libélula
Mante	Mantis
Moustique	Mosquito
Papillon	Mariposa
Puce	Pulga
Puceron	Áfido
Sauterelle	Saltamontes
Scarabée	Escarabajo
Termite	Termita
Ver	Gusano

Instruments de Musique
Instrumentos Musicales

Banjo	Banjo
Basson	Fagot
Clarinette	Clarinete
Flûte	Flauta
Gong	Gong
Guitare	Guitarra
Harmonica	Armónica
Harpe	Arpa
Hautbois	Oboe
Mandoline	Mandolina
Marimba	Marimba
Percussion	Percusión
Piano	Piano
Saxophone	Saxofón
Tambour	Tambor
Tambourin	Pandereta
Trombone	Trombón
Trompette	Trompeta
Violon	Violín
Violoncelle	Violonchelo

Jardin
Jardín

Arbre	Árbol
Banc	Banco
Buisson	Arbusto
Clôture	Valla
Étang	Estanque
Fleur	Flor
Garage	Garaje
Hamac	Hamaca
Herbe	Hierba
Jardin	Jardín
Mauvaises Herbes	Malezas
Pelle	Pala
Pelouse	Césped
Râteau	Rastrillo
Sol	Suelo
Terrasse	Terraza
Trampoline	Trampolín
Tuyau	Manguera
Verger	Huerto
Vigne	Vid

Jouets
Juguetes

Argile	Arcilla
Artisanat	Artesanía
Avion	Avión
Balle	Bola
Bateau	Barco
Camion	Camión
Cerf-Volant	Cometa
Échecs	Ajedrez
Favori	Favorito
Imagination	Imaginación
Jeux	Juegos
Livres	Libros
Peinture	Pinturas
Poupée	Muñeca
Puzzle	Rompecabezas
Robot	Robot
Tambours	Tambores
Train	Tren
Vélo	Bicicleta
Voiture	Coche

Jours et Mois
Días y Meses

Août	Agosto
Avril	Abril
Calendrier	Calendario
Dimanche	Domingo
Février	Febrero
Janvier	Enero
Jeudi	Jueves
Juillet	Julio
Juin	Junio
Lundi	Lunes
Mardi	Martes
Mars	Marzo
Mercredi	Miércoles
Mois	Mes
Novembre	Noviembre
Octobre	Octubre
Samedi	Sábado
Semaine	Semana
Septembre	Septiembre
Vendredi	Viernes

Les Abeilles
Abejas

Ailes	Alas
Bénéfique	Beneficioso
Cire	Cera
Diversité	Diversidad
Essaim	Enjambre
Écosystème	Ecosistema
Fleur	Flor
Fleurs	Flores
Fruit	Fruta
Fumée	Humo
Habitat	Hábitat
Insecte	Insecto
Jardin	Jardín
Miel	Miel
Nourriture	Comida
Plantes	Plantas
Pollen	Polen
Reine	Reina
Ruche	Colmena
Soleil	Sol

Légumes
Verduras

Ail	Ajo
Artichaut	Alcachofa
Aubergine	Berenjena
Brocoli	Brócoli
Carotte	Zanahoria
Céleri	Apio
Champignon	Seta
Citrouille	Calabaza
Concombre	Pepino
Échalote	Chalote
Épinard	Espinacas
Gingembre	Jengibre
Navet	Nabo
Oignon	Cebolla
Olive	Oliva
Persil	Perejil
Pois	Guisante
Radis	Rábano
Salade	Ensalada
Tomate	Tomate

Littérature
Literatura

Analogie	Analogía
Analyse	Análisis
Anecdote	Anécdota
Auteur	Autor
Biographie	Biografía
Comparaison	Comparación
Conclusion	Conclusión
Description	Descripción
Dialogue	Diálogo
Fiction	Ficción
Métaphore	Metáfora
Narrateur	Narrador
Poème	Poema
Poétique	Poético
Rime	Rima
Roman	Novela
Rythme	Ritmo
Style	Estilo
Thème	Tema
Tragédie	Tragedia

Livres
Libros

Auteur	Autor
Aventure	Aventura
Collection	Colección
Contexte	Contexto
Dualité	Dualidad
Épique	Epopeya
Histoire	Historia
Historique	Histórico
Humoristique	Humorístico
Inventif	Inventivo
Lecteur	Lector
Littéraire	Literario
Narrateur	Narrador
Page	Página
Pertinent	Pertinente
Poème	Poema
Poésie	Poesía
Roman	Novela
Série	Serie
Tragique	Trágico

Maison
Casa

Balai	Escoba
Bibliothèque	Biblioteca
Chambre	Habitación
Cheminée	Chimenea
Clés	Llaves
Clôture	Valla
Cuisine	Cocina
Douche	Ducha
Fenêtre	Ventana
Garage	Garaje
Grenier	Ático
Jardin	Jardín
Lampe	Lámpara
Miroir	Espejo
Mur	Pared
Porte	Puerta
Rideaux	Cortinas
Sous-Sol	Sótano
Tapis	Alfombra
Toit	Techo

Mammifères
Mamíferos

Baleine	Ballena
Chat	Gato
Cheval	Caballo
Chien	Perro
Coyote	Coyote
Dauphin	Delfín
Éléphant	Elefante
Girafe	Jirafa
Gorille	Gorila
Kangourou	Canguro
Lapin	Conejo
Lion	León
Loup	Lobo
Mouton	Oveja
Ours	Oso
Renard	Zorro
Singe	Mono
Taureau	Toro
Tigre	Tigre
Zèbre	Cebra

Mathématiques
Matemáticas

Angles	Ángulos
Arithmétique	Aritmética
Carré	Cuadrado
Décimal	Decimal
Diamètre	Diámetro
Exposant	Exponente
Équation	Ecuación
Fraction	Fracción
Géométrie	Geometría
Parallèle	Paralelo
Parallélogramme	Paralelogramo
Perpendiculaire	Perpendicular
Périmètre	Perímetro
Polygone	Polígono
Rayon	Radio
Rectangle	Rectángulo
Somme	Suma
Symétrie	Simetría
Triangle	Triángulo
Volume	Volumen

Mesures
Mediciones

Centimètre	Centímetro
Degré	Grado
Décimal	Decimal
Gramme	Gramo
Hauteur	Altura
Kilogramme	Kilogramo
Kilomètre	Kilómetro
Largeur	Ancho
Litre	Litro
Longueur	Longitud
Masse	Masa
Mètre	Metro
Minute	Minuto
Octet	Byte
Once	Onza
Poids	Peso
Pouce	Pulgada
Profondeur	Profundidad
Tonne	Tonelada
Volume	Volumen

Meubles
Mueble

Armoire	Armario
Banc	Banco
Bibliothèque	Estantería
Bureau	Escritorio
Canapé	Sofá
Chaise	Silla
Commode	Cómoda
Coussins	Cojines
Étagères	Estantes
Fauteuil	Sillón
Futon	Futón
Hamac	Hamaca
Lampe	Lámpara
Lit	Cama
Matelas	Colchón
Miroir	Espejo
Oreiller	Almohada
Rideaux	Cortinas
Tapis	Alfombra

Méditation
Meditación

Acceptation	Aceptación
Attention	Atención
Calme	Calma
Clarté	Claridad
Compassion	Compasión
Émotions	Emociones
Éveillé	Despierto
Gentillesse	Bondad
Gratitude	Gratitud
Habitudes	Hábitos
Mental	Mental
Mouvement	Movimiento
Musique	Música
Nature	Naturaleza
Observation	Observación
Paix	Paz
Perspective	Perspectiva
Posture	Postura
Respiration	Respiración
Silence	Silencio

Météo
Clima

Arc-En-Ciel	Arco Iris
Atmosphère	Atmósfera
Brise	Brisa
Brouillard	Niebla
Calme	Calma
Ciel	Cielo
Climat	Clima
Glace	Hielo
Mousson	Monzón
Nuage	Nube
Ouragan	Huracán
Polaire	Polar
Sec	Seco
Sécheresse	Sequía
Température	Temperatura
Tempête	Tormenta
Tonnerre	Trueno
Tornade	Tornado
Tropical	Tropical
Vent	Viento

Mythologie
Mitología

Archétype	Arquetipo
Catastrophe	Desastre
Création	Creación
Créature	Criatura
Croyances	Creencias
Culture	Cultura
Éclair	Rayo
Force	Fuerza
Guerrier	Guerrero
Héroïne	Heroína
Héros	Héroe
Immortalité	Inmortalidad
Jalousie	Celos
Labyrinthe	Laberinto
Légende	Leyenda
Magique	Mágico
Monstre	Monstruo
Mortel	Mortal
Tonnerre	Trueno
Vengeance	Venganza

Nature
Naturaleza

Abeilles	Abejas
Abri	Refugio
Animaux	Animales
Arctique	Ártico
Beauté	Belleza
Brouillard	Niebla
Désert	Desierto
Dynamique	Dinámico
Érosion	Erosión
Feuillage	Follaje
Fleuve	Río
Forêt	Bosque
Glacier	Glaciar
Nuage	Nubes
Paisible	Pacífico
Sanctuaire	Santuario
Sauvage	Salvaje
Serein	Sereno
Tropical	Tropical
Vital	Vital

Nombres
Números

Cinq	Cinco
Deux	Dos
Décimal	Decimal
Dix	Diez
Dix-Huit	Dieciocho
Dix-Neuf	Diecinueve
Dix-Sept	Diecisiete
Douze	Doce
Huit	Ocho
Neuf	Nueve
Quatorze	Catorce
Quatre	Cuatro
Quinze	Quince
Seize	Dieciséis
Sept	Siete
Six	Seis
Treize	Trece
Trois	Tres
Vingt	Veinte
Zéro	Cero

Nourriture #1
Comida #1

Ail	Ajo
Basilic	Albahaca
Café	Café
Cannelle	Canela
Carotte	Zanahoria
Citron	Limón
Épinard	Espinacas
Fraise	Fresa
Jus	Jugo
Lait	Leche
Navet	Nabo
Oignon	Cebolla
Orge	Cebada
Poire	Pera
Salade	Ensalada
Sel	Sal
Soupe	Sopa
Sucre	Azúcar
Thon	Atún
Viande	Carne

Nourriture #2
Comida #2

Amande	Almendra
Aubergine	Berenjena
Banane	Plátano
Blé	Trigo
Brocoli	Brócoli
Cerise	Cereza
Céleri	Apio
Champignon	Seta
Chocolat	Chocolate
Jambon	Jamón
Kiwi	Kiwi
Mangue	Mango
Oeuf	Huevo
Pain	Pan
Poisson	Pescado
Pomme	Manzana
Poulet	Pollo
Raisin	Uva
Riz	Arroz
Tomate	Tomate

Nutrition
Nutrición

Amer	Amargo
Appétit	Apetito
Calories	Calorías
Comestible	Comestible
Diète	Dieta
Digestion	Digestión
Épices	Especias
Équilibré	Equilibrado
Fermentation	Fermentación
Glucides	Carbohidratos
Liquides	Líquidos
Poids	Peso
Protéines	Proteínas
Qualité	Calidad
Sain	Saludable
Santé	Salud
Sauce	Salsa
Saveur	Sabor
Toxine	Toxina
Vitamine	Vitamina

Océan
Océano

Anguille	Anguila
Baleine	Ballena
Bateau	Barco
Corail	Coral
Crabe	Cangrejo
Crevette	Camarón
Dauphin	Delfín
Éponge	Esponja
Huître	Ostra
Marées	Mareas
Méduse	Medusa
Poisson	Pescado
Poulpe	Pulpo
Requin	Tiburón
Récif	Arrecife
Sel	Sal
Tempête	Tormenta
Thon	Atún
Tortue	Tortuga
Vagues	Olas

Oiseaux
Pájaros

Aigle	Águila
Autruche	Avestruz
Canard	Pato
Cigogne	Cigüeña
Colombe	Paloma
Corbeau	Cuervo
Coucou	Cuco
Cygne	Cisne
Flamant	Flamenco
Héron	Garza
Manchot	Pingüino
Moineau	Gorrión
Mouette	Gaviota
Oeuf	Huevo
Oie	Ganso
Paon	Pavo Real
Perroquet	Loro
Pélican	Pelícano
Poulet	Pollo
Toucan	Tucán

Outils
Herramientas

Agrafe	Grapa
Agrafeuse	Grapadora
Câble	Cable
Ciseaux	Tijeras
Colle	Pegamento
Corde	Cuerda
Couteau	Cuchillo
Échelle	Escalera
Hache	Hacha
Maillet	Mazo
Marteau	Martillo
Pelle	Pala
Pinces	Alicates
Rasoir	Navaja
Règle	Regla
Roue	Rueda
Torche	Antorcha
Vis	Tornillo

Pays #2
Países #2

Albanie	Albania
Chine	China
Danemark	Dinamarca
France	Francia
Haïti	Haití
Indonésie	Indonesia
Irlande	Irlanda
Jamaïque	Jamaica
Japon	Japón
Kenya	Kenia
Laos	Laos
Liban	Líbano
Mexique	México
Ouganda	Uganda
Pakistan	Pakistán
Russie	Rusia
Somalie	Somalia
Soudan	Sudán
Syrie	Siria
Ukraine	Ucrania

Paysages
Paisajes

Cascade	Cascada
Colline	Colina
Désert	Desierto
Estuaire	Estuario
Fleuve	Río
Geyser	Géiser
Glacier	Glaciar
Grotte	Cueva
Iceberg	Iceberg
Île	Isla
Lac	Lago
Marais	Pantano
Mer	Mar
Montagne	Montaña
Oasis	Oasis
Péninsule	Península
Plage	Playa
Toundra	Tundra
Vallée	Valle
Volcan	Volcán

Pêche
Pesca

Appât	Cebo
Bateau	Barco
Branchies	Branquias
Crochet	Gancho
Cuire	Cocinar
Eau	Agua
Exagération	Exageración
Équipement	Equipo
Fil	Cable
Fleuve	Río
Lac	Lago
Mâchoire	Mandíbula
Océan	Océano
Panier	Cesta
Patience	Paciencia
Plage	Playa
Poids	Peso
Saison	Temporada

Pirates
Piratas

Ancre	Ancla
Aventure	Aventura
Capitaine	Capitán
Carte	Mapa
Cicatrice	Cicatriz
Danger	Peligro
Drapeau	Bandera
Épée	Espada
Équipage	Tripulación
Grotte	Cueva
Île	Isla
Légende	Leyenda
Mauvais	Malo
Océan	Océano
Or	Oro
Perroquet	Loro
Pièces	Monedas
Plage	Playa
Rhum	Ron
Trésor	Tesoro

Plantes
Plantas

Arbre	Árbol
Baie	Baya
Bambou	Bambú
Botanique	Botánica
Buisson	Arbusto
Cactus	Cactus
Engrais	Fertilizante
Feuillage	Follaje
Fleur	Flor
Flore	Flora
Forêt	Bosque
Grandir	Crecer
Haricot	Frijol
Herbe	Hierba
Jardin	Jardín
Lierre	Hiedra
Mousse	Musgo
Pétale	Pétalo
Racine	Raíz
Végétation	Vegetación

Professions #1
Profesiones #1

Ambassadeur	Embajador
Astronome	Astrónomo
Avocat	Abogado
Banquier	Banquero
Bijoutier	Joyero
Cartographe	Cartógrafo
Chasseur	Cazador
Danseur	Bailarín
Entraîneur	Entrenador
Éditeur	Editor
Géologue	Geólogo
Infirmière	Enfermera
Médecin	Doctor
Musicien	Músico
Pianiste	Pianista
Plombier	Fontanero
Pompier	Bombero
Psychologue	Psicólogo
Scientifique	Científico
Vétérinaire	Veterinario

Professions #2
Profesiones #2

Astronaute	Astronauta
Bibliothécaire	Bibliotecario
Biologiste	Biólogo
Chercheur	Investigador
Chirurgien	Cirujano
Dentiste	Dentista
Détective	Detective
Enseignant	Profesor
Illustrateur	Ilustrador
Ingénieur	Ingeniero
Inventeur	Inventor
Jardinier	Jardinero
Journaliste	Periodista
Linguiste	Lingüista
Médecin	Médico
Peintre	Pintor
Philosophe	Filósofo
Photographe	Fotógrafo
Pilote	Piloto
Zoologiste	Zoólogo

Randonnée
Senderismo

Animaux	Animales
Bottes	Botas
Camping	Camping
Carte	Mapa
Climat	Clima
Eau	Agua
Falaise	Acantilado
Fatigué	Cansado
Guides	Guías
Lourd	Pesado
Montagne	Montaña
Moustiques	Mosquitos
Nature	Naturaleza
Orientation	Orientación
Parcs	Parques
Pierres	Piedras
Préparation	Preparación
Sauvage	Salvaje
Soleil	Sol
Sommet	Cumbre

Remplir
Rellenar

Baignoire	Bañera
Baril	Barril
Bassin	Cuenca
Boîte	Caja
Bouteille	Botella
Carton	Cartón
Dossier	Carpeta
Enveloppe	Sobre
Panier	Cesta
Paquet	Paquete
Plateau	Bandeja
Poche	Bolsillo
Pot	Tarro
Sac	Bolsa
Seau	Cubo
Tiroir	Cajón
Tube	Tubo
Valise	Maleta
Vase	Jarrón

Restaurant #1
Restaurante #1

Allergie	Alergia
Assiette	Plato
Bol	Tazón
Café	Café
Caissier	Cajero
Couteau	Cuchillo
Cuisine	Cocina
Dessert	Postre
Épicé	Picante
Ingrédients	Ingredientes
Menu	Menú
Nourriture	Comida
Pain	Pan
Poulet	Pollo
Réservation	Reserva
Sauce	Salsa
Serveuse	Camarera
Serviette	Servilleta
Viande	Carne

Restaurant #2
Restaurante #2

Boisson	Bebida
Chaise	Silla
Cuillère	Cuchara
Déjeuner	Almuerzo
Délicieux	Delicioso
Dîner	Cena
Eau	Agua
Épices	Especias
Fourchette	Tenedor
Fruit	Fruta
Gâteau	Pastel
Glace	Hielo
Légumes	Verduras
Nouilles	Fideos
Oeuf	Huevos
Poisson	Pescado
Salade	Ensalada
Sel	Sal
Serveur	Camarero
Soupe	Sopa

Science
Ciencia

Atome	Átomo
Chimique	Químico
Climat	Clima
Données	Datos
Expérience	Experimento
Évolution	Evolución
Fait	Hecho
Fossile	Fósil
Gravité	Gravedad
Hypothèse	Hipótesis
Laboratoire	Laboratorio
Méthode	Método
Minéraux	Minerales
Molécules	Moléculas
Nature	Naturaleza
Observation	Observación
Organisme	Organismo
Particules	Partículas
Physique	Física
Scientifique	Científico

Science-Fiction
Ciencia Ficción

Atomique	Atómico
Cinéma	Cine
Explosion	Explosión
Extrême	Extremo
Fantastique	Fantástico
Feu	Fuego
Futuriste	Futurista
Galaxie	Galaxia
Illusion	Ilusión
Imaginaire	Imaginario
Livres	Libros
Monde	Mundo
Mystérieux	Misterioso
Oracle	Oráculo
Planète	Planeta
Réaliste	Realista
Robots	Robots
Scénario	Escenario
Technologie	Tecnología
Utopie	Utopía

Sports
Deportes

Arbitre	Árbitro
Athlète	Atleta
Base-Ball	Béisbol
Basket-Ball	Baloncesto
Championnat	Campeonato
Entraîneur	Entrenador
Équipe	Equipo
Gagnant	Ganador
Golf	Golf
Gymnase	Gimnasio
Gymnastique	Gimnasia
Hockey	Hockey
Jeu	Juego
Joueur	Jugador
Mouvement	Movimiento
Nager	Nadar
Stade	Estadio
Tennis	Tenis
Vélo	Bicicleta

Surf
Surf

Amusement	Diversión
Athlète	Atleta
Champion	Campeón
Débutant	Principiante
Estomac	Estómago
Extrême	Extremo
Force	Fuerza
Foules	Multitudes
Météo	Clima
Mousse	Espuma
Nager	Nadar
Océan	Océano
Pagaie	Remo
Plage	Playa
Populaire	Popular
Récif	Arrecife
Style	Estilo
Vague	Ola
Vitesse	Velocidad

Technologie
Tecnología

Blog	Blog
Caméra	Cámara
Curseur	Cursor
Données	Datos
Écran	Pantalla
Fichier	Archivo
Internet	Internet
Logiciel	Software
Message	Mensaje
Navigateur	Navegador
Numérique	Digital
Octets	Bytes
Ordinateur	Ordenador
Police	Fuente
Recherche	Investigación
Sécurité	Seguridad
Statistiques	Estadísticas
Virtuel	Virtual
Virus	Virus

Temps
Tiempo

Année	Año
Annuel	Anual
Après	Después
Avant	Antes
Bientôt	Pronto
Calendrier	Calendario
Décennie	Década
Futur	Futuro
Heure	Hora
Hier	Ayer
Horloge	Reloj
Jour	Día
Maintenant	Ahora
Matin	Mañana
Midi	Mediodía
Minute	Minuto
Mois	Mes
Nuit	Noche
Semaine	Semana
Siècle	Siglo

Types de Cheveux
Tipos de Cabello

Argent	Plata
Blanc	Blanco
Blond	Rubio
Boucles	Rizos
Brillant	Brillante
Chauve	Calvo
Coloré	Coloreado
Court	Corto
Doux	Suave
Épais	Grueso
Frisé	Rizado
Gris	Gris
Long	Largo
Marron	Marrón
Mince	Delgada
Noir	Negro
Ondulé	Ondulado
Sain	Saludable
Sec	Seco
Tressé	Trenzado

Vacances #2
Vacaciones #2

Aéroport	Aeropuerto
Camping	Camping
Carte	Mapa
Destination	Destino
Étranger	Extranjero
Hôtel	Hotel
Île	Isla
Loisir	Ocio
Mer	Mar
Passeport	Pasaporte
Plage	Playa
Restaurant	Restaurante
Réservations	Reservas
Taxi	Taxi
Tente	Carpa
Train	Tren
Transport	Transporte
Vacances	Vacaciones
Visa	Visa
Voyage	Viaje

Vertus #1
Virtudes #1

Artistique	Artístico
Bon	Bien
Charmant	Encantador
Curieux	Curioso
Décisif	Decisivo
Drôle	Gracioso
Efficace	Eficiente
Fiable	Fiable
Généreux	Generoso
Imaginatif	Imaginativo
Indépendant	Independiente
Intelligent	Inteligente
Modeste	Modesto
Passionné	Apasionado
Patient	Paciente
Pratique	Práctico
Propre	Limpio
Sage	Sabio
Utile	Útil

Véhicules
Vehículos

Ambulance	Ambulancia
Avion	Avión
Bateau	Barco
Bus	Autobús
Camion	Camión
Caravane	Caravana
Ferry	Ferry
Fusée	Cohete
Hélicoptère	Helicóptero
Métro	Metro
Moteur	Motor
Navette	Lanzadera
Pneus	Neumáticos
Radeau	Balsa
Scooter	Scooter
Sous-Marin	Submarino
Taxi	Taxi
Tracteur	Tractor
Vélo	Bicicleta
Voiture	Coche

Vêtements
Ropa

Bracelet	Pulsera
Ceinture	Cinturón
Chapeau	Sombrero
Chaussure	Zapato
Chemise	Camisa
Chemisier	Blusa
Collier	Collar
Foulard	Bufanda
Gants	Guantes
Jeans	Jeans
Jupe	Falda
Manteau	Abrigo
Mode	Moda
Pantalon	Pantalones
Pull	Suéter
Pyjama	Pijama
Robe	Vestido
Sandales	Sandalias
Tablier	Delantal
Veste	Chaqueta

Ville
Ciudad

Aéroport	Aeropuerto
Banque	Banco
Bibliothèque	Biblioteca
Boulangerie	Panadería
Cinéma	Cine
Clinique	Clínica
École	Escuela
Fleuriste	Florista
Galerie	Galería
Hôtel	Hotel
Librairie	Librería
Marché	Mercado
Musée	Museo
Pharmacie	Farmacia
Restaurant	Restaurante
Stade	Estadio
Supermarché	Supermercado
Théâtre	Teatro
Université	Universidad
Zoo	Zoo

Félicitations

Vous avez réussi !

Nous espérons que vous avez apprécié ce livre autant que nous avons pris plaisir à le concevoir. Nous faisons de notre mieux pour créer des livres de la meilleure qualité possible.
Cette édition est conçue pour permettre un apprentissage intelligent et de qualité en se divertissant !

Vous avez aimé ce livre ?

Une Simple Demande

Nos livres existent grâce aux avis que vous publiez. Pourriez-vous nous aider en laissant un avis maintenant ?

Voici un lien rapide qui vous mènera à votre
page d'évaluation de vos commandes :

BestBooksActivity.com/Avis50

CHALLENGE FINAL !

Défi n°1

Êtes-vous prêt pour votre jeu bonus ? Nous les utilisons tout le temps mais ils ne sont pas si faciles à trouver. Voici les **Synonymes** !

Notez 5 mots que vous avez trouvés dans les puzzles notés ci-dessous (n°21, n°36, n°76) et essayez de trouver 2 synonymes pour chaque mot.

*Notez 5 Mots du **Puzzle 21***

Mots	Synonyme 1	Synonyme 2

*Notez 5 Mots du **Puzzle 36***

Mots	Synonyme 1	Synonyme 2

*Notez 5 Mots du **Puzzle 76***

Mots	Synonyme 1	Synonyme 2

Défi n°2

Maintenant que vous vous êtes échauffé, notez 5 mots que vous avez découverts dans les Puzzles n° 9, n° 17, n° 25 et essayez de trouver 2 antonymes pour chaque mot. Combien pouvez-vous en trouver en 20 minutes ?

Notez 5 Mots du **Puzzle 9**

Mots	Antonyme 1	Antonyme 2

Notez 5 Mots du **Puzzle 17**

Mots	Antonyme 1	Antonyme 2

Notez 5 Mots du **Puzzle 25**

Mots	Antonyme 1	Antonyme 2

Défi n°3

Formidable ! Ce défi final n'est rien pour vous.

Prêt pour le dernier défi ? Choisissez 10 mots que vous avez découverts parmi les différents puzzles et notez-les ci-dessous.

1.	6.
2.	7.
3.	8.
4.	9.
5.	10.

Maintenant, composez un texte en pensant à une personne, un animal ou un lieu que vous aimez !

Astuce: Vous pouvez utiliser la dernière page de ce livre comme brouillon !

Votre Composition :

CARNET DE NOTES :

À TRÈS BIENTÔT !

Toute l'équipe

DECOUVREZ
DES JEUX
GRATUITS
GO
BESTACTIVITYBOOKS.COM/FREEGAMES

www.ingramcontent.com/pod-product-compliance
Lightning Source LLC
LaVergne TN
LVHW060302200726
843508LV00009B/1522